...SME SACERDOTAL

EN

...COITS ET L'ABBÉ ...

Études biographiques

PAR

...bé de MADAUNE

CLERGÉ DE PARIS, CHANOINE HONORAIRE D'ALGER

DÉDIÉ

...LE CARDINAL LAVIGERIE

ARCHEVÊQUE D'ALGER

PARIS

L. GOUDEAUX, ÉDITEUR

10, CLOÎTRE SAINT-HONORÉ

...RUE SAINT-HONORÉ, PASSAGE...

L'HÉROISME SACERDOTAL

EN

L'ABBÉ GARICOITS ET L'ABBÉ CESTAC

L'HÉROISME SACERDOTAL

EN

L'ABBÉ GARICOITS ET L'ABBÉ CESTAC

Etudes biographiques

PAR

l'abbé de MADAUNE

DU CLERGÉ DE PARIS, CHANOINE HONORAIRE D'ALGER

DÉDIÉ

A S. E. LE CARDINAL LAVIGERIE

ARCHEVÊQUE D'ALGER

PARIS

A. GOUDEAUX, ÉDITEUR

16, CLOÎTRE SAINT-HONORÉ

178, RUE SAINT-HONORÉ, PASSAGE D'ATHÈNES

A SON ÉMINENCE

LE CARDINAL LAVIGERIE

Archevêque d'Alger

Vicaire Apostolique de la Tunisie

EMINENCE,

Permettez-moi de déposer à vos pieds ce modeste travail ; je vous prie d'en daigner agréer l'hommage.

Cet hommage est une expression bien faible de la profonde gratitude que je vous ai, Monseigneur, pour le haut témoignage d'affection et d'estime que vous avez bien voulu me donner, avec une si exquise délicatesse, il y a quelques années.

Un autre sentiment encore a conduit ma pensée vers votre Eminence. Cet écrit a pour but de montrer comment deux admirables ouvriers de Dieu ont compris et pratiqué la mission sacerdotale et l'apostolat des âmes. Pouvais-je lui souhaiter un protecteur plus compétent ou mieux indiqué que le CARDINAL MISSIONNAIRE qui ressuscite, par son zèle ardent et patient, l'Afrique de saint Augustin et de saint Cyprien ! Vous retrouverez dans les héros de ce livre, Monseigneur, l'esprit dont vous armez les apôtres qui, sous votre impulsion, sillonnent de leur dévouement et de leur sang des déserts à peine entr'ouverts ; esprit dont vous leur donnez hautement l'exemple, en dépensant sans calcul, sans réserve, votre cœur, votre intelligence et vos forces à des travaux dont l'Eglise entière, qui les suit avec intérêt, vous est reconnaissante. Vous êtes un des plus grands, parmi nos Pontifes, par les services autant que par la dignité et le savoir. L'illustre Léon XIII ne vient-il pas de le proclamer ?

Enfin, Eminence, nés à Bayonne ou non loin de Bayonne, l'abbé Cestac et l'abbé Garicoïts vous appartiennent, en quelque sorte, par droit de naissance. Vous les avez connus ; vous les avez vus à l'œuvre ; vous savez qu'une auréole de sainteté plane sur leur mémoire dans notre commun diocèse natal. Aucune appréciation ne saurait être ni plus autorisée ni plus compétente que celle de votre Eminence.

Puisse votre haut suffrage être acquis à ces ÉTUDES. Il leur serait un moyen puissant d'atteindre le but poursuivi en les publiant : ÉDIFIER, STIMULER.

J'ai l'honneur d'être,

MONSEIGNEUR,

de votre ÉMINENCE,

l'humble et respectueux Fils,

M. DE MADAUNE.

LETTRE

DE SON ÉMINENCE LE CARDINAL LAVIGERIE

Tunis, le 29 avril 1882.

MONSIEUR L'ABBÉ ET CHER CHANOINE,

J'accepte avec reconnaissance votre intéressant travail. Il me rappelle les plus chers souvenirs de ma jeunesse. MM. Garicoïts et Cestac étaient vraiment alors les deux SAINTS du clergé de Bayonne, qui comptait tant de membres vénérables. Tous deux peuvent être proposés comme des modèles achevés de vertu sacerdotale et de zèle apostolique. Tous deux aussi se survivent dans les excellentes Congrégations qu'ils ont fondées. L'abrégé de leur vie, que vous donnez au public, d'après des biographies plus étendues, sera donc utile à tous, et particulièrement aux Ecclésiastiques et aux Religieuses.

Je fais des vœux pour qu'il soit lu et qu'il suscite à ces admirables prêtres de nombreux imitateurs.

Croyez-moi, mon cher Chanoine, tout à vous de cœur en N. S.

† CH. CARDINAL LAVIGERIE,
Archev. d'Alger.

LETTRE

DE MONSEIGNEUR LAMAZOU, ÉVÊQUE DE LIMOGES

Limoges, le 8 mai 1882,

CHER MONSIEUR,

Je rentre à Limoges où je trouve votre bonne lettre et les biographies de deux saints prêtres du diocèse de Bayonne que vous avez eu la bonne pensée de m'envoyer. On ne saurait assez proposer à l'admiration et à l'imitation du clergé de si parfaits modèles. Vous en avez parlé en termes vraiment intéressants et touchants. Je suis donc heureux de vous remercier et de vous féliciter.

Croyez, cher Monsieur l'Abbé, à mes meilleurs sentiments de respect et de dévouement.

† PIERRE HENRI,

Évêque de Limoges.

PRÉFACE

M. l'abbé Puyol, supérieur de Saint-Louis des Français à Rome, a publié, pendant qu'il était parmi nous, professeur en Sorbonne, une vie de M. l'abbé Cestac (1). Le P. Basilide Bourdenne en a fait autant pour M. l'abbé Garicoïts (2). Leur travail, nous nous faisons un plaisir et un devoir de le dire bien haut, mérite tous les éloges et ne peut se refaire après eux. Ils ont eu sous la main tous les documents ; ils ne se sont pas épargné la peine ; ils ont écrit, le premier plus magistralement ; le second très chaudement. Leur livre, à chacun d'eux, est un excellent livre.

Pourquoi donc notre livre à nous sur ce double sujet déjà parfaitement traité ? Le motif en est très simple et notre réponse l'avouera nettement : c'est dans l'intérêt des ouvrages précédents et dans l'in-

---

(1) Vie du serviteur de Marie L.-E. Cestac, fondateur de Notre-Dame du Refuge (diocèse de Bayonne). Bayonne. Lamaignère 1878.

(2) Vie et Lettres du R. P. Michel Garicoïts, fondateur et premier Supérieur de la congrégation des prêtres du Sacré-Cœur de Jésus, établie à Bétharram, par le P. Basilide Bourdenne, prêtre de la même congrégation. Pau. Bergerot. 1878.

térêt du public, duquel nous voudrions que M. Garicoïts et M. Cestac fussent plus connus. L'ouvrage de
M. Puyol est, pour ce public, trop volumineux ; on
ne lit guère les gros livres. Celui de M. Bourdenne
est trop local ; le public est pressé de savoir si cet
inconnu, au nom souriant et barbare à la fois, vaut
bien la peine qu'il l'arrête. Pour cela, il faut que sa
personnalité saisisse à la première page et qu'elle
apparaisse dégagée de l'intérêt qui ne serait que
provincial.

Après nous avoir lu, nous l'espérons, le lecteur
sera avide de s'informer plus longuement aux livres
de nos doctes amis, M. Puyol et M. Bourdenne. Ainsi,
œuvre modeste, notre travail nous semble néanmoins
œuvre utile. Atteindrons-nous notre but ? A cela,
ami lecteur, vous seul pouvez répondre.

L'ABBÉ GARICOÏTS

L'ABBÉ GARICOÏTS

Ecce venio. Ecce ancilla : Me voici !
Fiat ! Fiat !

(Sa devise familière).

Les vies des Saints sont comme les grands spectacles de la mer, toujours intéressants, toujours nouveaux. Même, y a-t-il dans la nature séduction plus puissante que celle d'une grande âme chrétienne ? Celle-ci se tient aux plus hauts sommets du monde moral, élevée et pure comme le ciel bleu étendu sur nos têtes ; elle domine les tempêtes des passions se déchaînant contre elle, sans qu'elle n'en puisse être ni ébranlée ni souillée.

Dieu sema les saints en tout pays et en tout temps ; il les montra à toutes les générations. Ce sont les patriarches et les prophètes de la nouvelle loi. Généralement autour d'eux les âmes se groupent comme les familles. secondaires autour de la tente patriarcale ; elles s'inspirent d'eux et s'appuient à leurs vertus ; elles vivent à leur rayonnement. Car comme s'ils avaient vu Dieu, ils portent un reflet d'en haut et marchent, parmi les hommes, dans une auréole de modestie lumineuse ; sur leur passage, l'admiration populaire semble dire, comme dans le Dante d'un peintre contemporain : « C'est celui-ci qui est allé au ciel et qui en revient. »

Nous avons connu un de ces hommes. Aussi, comme il nous a plu de le retrouver dans le livre si intéressant que le P. Bourdenne, avec une admiration filiale que nous partageons, a donné au public, pour montrer à tous ce nouveau témoin de la divinité du Christ et de la fécondité de l'évangile. Voici dans un prêtre l'austérité chrétienne unie à la foi des patriarches, la passion de la gloire de Dieu créant la passion des âmes, l'abandon plein d'amour à la Providence se traduisant par une inépuisable charité. De telles existences honorent l'humanité. Elles appartiennent surtout au riche trésor de notre grande Eglise catholique. Les raconter est, à notre sens, un devoir pour ceux qui les connurent. Nous n'osons dire que ce soit pour tous un devoir de les étudier ; c'est au moins un grand charme autant qu'un grand profit.

A la suite du P. Bourdenne, à l'aide parfois de souvenirs personnels, essayons de reconstruire la vivante physionomie de cet homme de Dieu, dont la vertu étonnait les départements pyrénéens, alors que la sainteté du curé d'Ars attirait les peuples des Alpes vers une église de village , dont le nom vénéré se peut citer après ceux de Vincent de Paul et de François Xavier, ses compatriotes, qu'il rappela par tant de côtés.

On peut diviser en trois parts la vie de M. Garicoïts. Une période de formation l'enlève à sa montagne, à sa pauvreté, pour le faire rapidement prêtre, fondateur d'une communauté de missionnaires diocésains à Bétharram. Une époque d'extension apostolique vient ensuite, durant laquelle il s'efforce d'écrire, en caractères de feu, le plus pur esprit évangélique dans l'âme de ses prêtres et des générations nombreuses des Filles de la Croix de Saint-André. La fin de ses ans, lumineuse et émue, se couronne par une sainte et profonde douleur, celle qui provient du sentiment exagéré, à notre avis, qui le pénétra secrètement de la fragilité de ses œuvres et de la modicité de ses services pour la gloire de Jésus-Christ. A peine indiquée dans le livre de M. l'abbé Bourdenne, cette phase de la carrière du P. Garicoïts, nous semble la plus émouvante, la plus méritoire, la plus glorieuse. Comme le sang versé fait les martyrs, ainsi les grandes douleurs achèvent les vertus chrétiennes.

I.

ENFANCE — ÉDUCATION

Michel Garicoïts naquit, en 1797, de parents très pauvres et très religieux, au village d'Ibarre, sur le versant français des Pyrénées, à ce point où les monts abaissés ondulent gracieusement et descendent en cônes arrondis vers le golfe de Gascogne, à 40 kilomètres au sud du berceau de saint Vincent de Paul, à une distance moindre de Jaxu, vrai berceau de saint François Xavier (1), au cœur du peuple basque, de cette race si ardente et si vaillante, si croyante et si morale, si neuve toujours malgré son ancienneté.

Le jeune Michel garda d'abord le troupeau. Ce ne fut pas toujours le troupeau paternel.

Le Seigneur le prit comme il avait pris David : « Je t'ai choisi parmi les pasteurs lorsque tu suivais les troupeaux, afin que tu fusses le chef de

(1) Conf. La *Revue des questions historiques* de juillet 1880 : L'origine française de saint François-Xavier, par M. Souhielle.

mon peuple d'Israël, et j'ai été avec toi dans tous les lieux où tu as marché, et j'ai exterminé tous tes ennemis devant toi, et j'ai rendu ton nom grand comme le nom des grands qui sont sur la terre. (1) » Notre David n'eut d'ennemis que les difficultés qu'il rencontra.

Elles furent nombreuses ; il les surmonta toutes. Donc, sauf qu'il n'extermina personne, le passage biblique lui est applicable tout entier.

Homme mûr, l'abbé Garicoïts aimait à rappeler la scène simple et gracieuse dans laquelle se détermina sa vocation sacerdotale.

On était en plein été, en plein soleil, en plein midi. Le père de Michel piochait ses quelques pieds de vigne. Non loin de lui, la mère piochait aussi ; la grand'mère, assise, filait et parlait. Tous peinaient, tous suaient, sous le soleil ardent, sur le sol brûlant. La vénérable aïeule était écoutée, elle avait réputation de sagesse. Cette fois, avec un accent dans la voix qui exprimait qu'elle avait beaucoup réfléchi : « Il faut que Michel soit prêtre » dit-elle à son fils. — « Impossible, mère, impossible, nous n'avons pas d'argent. » — « Michel a de bons bras et le travail ne lui répugne point ; mais sa tête vaut mieux encore, et il a de la piété : Michel sera

(1) 2ᵉ Livre des Rois. VII, 8. 9.

prêtre. » — « Nous n'avons pas le moyen, mère, impossible. » — « La Providence y pourvoiera, » répliqua la digne femme. La mère de Michel ne disait mot ; Michel écoutait en silence. « Sainte bonne grand'mère, que ta foi était grande ! » répétait plus tard l'abbé Garicoïts, en évoquant, avec émotion, ce lointain souvenir.

Grand'mère eut raison. Après une première communion tardive, mais des plus ferventes, la piété extraordinaire de Michel, intéressant en sa faveur, lui suscita une série de bienfaiteurs : MM. Barbaste, Eyhérabide, Honnert, secrétaire de l'évêché, l'évêque de Bayonne. Il fait ses études ; mais en les entremêlant, à l'évêché de Bayonne, d'occupations si peu en harmonie avec les travaux de l'esprit, qu'après les années de philosophie au séminaire d'Aire, on serait étonné de ses succès exceptionnels, si une note du supérieur ne venait attester son talent hors ligne : *non sine notabilis capacitatis laude.*

L'abbé Garicoïts devient prêtre, vicaire, professeur de philosophie, directeur du grand séminaire, suppléant du supérieur, tout cela successivement et en peu de temps. Il a beau s'envelopper, en quelque sorte, de modestie, ce jeune prêtre s'impose à tous, maîtres et élèves, comme un prêtre exceptionnel.

A cette époque, le grand séminaire diocésain

de Bayonne se trouvait à Bétharram, dans ce lieu privilégié de la nature et du ciel :

> Bétharram, Bétharram, merveille des vallées !
> Sanctuaire béni des grandes Pyrénées (1).

Voici donc déjà l'abbé Garicoïts sur les lieux, sur les saints lieux où vont se déployer son action, son

(1) L'abbé Espagnolle : *Les Feuilles et les Fruits*, page 27, 2ᵉ éd. Didier. Nous ne pouvons résister au plaisir de citer cette jolie description :

> ...... Sous ce mont verdoyant.
> Voyez ce temple saint, bâti de marbre blanc,
> Fièrement surmonté d'une flèche élégante,
> Et rempli, tout le jour, dès l'aurore naissante,
> De pieux pèlerins, accourus de tous lieux ;
> Voyez ce grand palais, aux longs corridors vieux,
> Et ce pont dégagé, sautant sur la rivière,
> Et couvert tout entier d'une frange de lierre,
> Que baigne doucement le gave dans ses eaux ;
> Ce lieu c'est Bétharram, *l'arbre des beaux rameaux*
> Le plus aimé des noms ; c'est la demeure sainte
> De la mère de Dieu, la vénérable enceinte,
> Où son image d'or, depuis les temps anciens,
> S'use sous les baisers des fidèles chrétiens.
> Bétharram, Bétharram, merveille des vallées !
> Sanctuaire béni des grandes Pyrénées !
> Que d'âmes et de cœurs ta fontaine a lavés !
> Que d'esprits abattus ton nom a relevés !
> Que de pleurs ont coulé sur tes dalles humides,
> Après l'heure passée en longs aveux timides !
> Qu'il est beau dans la nuit le chant du pèlerin,
> Qui dit, en cheminant, ta fête de demain !
> Jamais, ô Bétharram, jamais on ne t'oublie
> Quand on s'est arrêté sur ta rive fleurie,
> A l'ombre du tilleul et du grand marronnier,
> Pour repasser sa vie et pleurer et prier.

zèle, sa vertu, sa passion des âmes et de la volonté de Dieu, sa mortification, sa vie.

A la mort du vieux supérieur, qui survient bientôt, Monseigneur d'Arbou transfère à Bayonne le grand séminaire diocésain. La meilleure partie du personnel enseignant est dispersé ; l'abbé Garicoïts reste supérieur « des quatre grandes murailles » de la maison et du sanctuaire abandonnés. Cette solitude élève et élargit son âme, au lieu de l'accabler. Dans son ardeur, il caresse de beaux rêves d'ambition religieuse : il restera dans ce vieux Bétharram ; il y établira des missionnaires qui évangéliseront les campagnes ; une école qui élèvera les jeunes paysans dans la crainte du Seigneur ; il poussera là tout ce qu'il plaira à Dieu, pourvu que ce soit dans sa volonté et pour sa gloire (1). Obsédé de ces pensées, il s'en va à Toulouse pour s'en défaire dans la retraite ou pour s'y attacher définitivement. La retraite éclaira ses projets, vagues jusque-là ; elle les dessina ; elle les confirma. Mon-

---

(1) Déjà saint Vincent-de-Paul avait voulu établir à Bétharram une de ses premières maisons. Il y voulait envoyer pour supérieur un M. Corvel, en ce moment à Mont-Mirel. Il lui écrivait le 19 juin 1653 : « Le lieu est au pied des Monts-Pyrénées, et la situation en est belle et d'elle-même porte à la dévotion. L'air y est un peu subtil, et je l'appréhenderais pour vous si je ne savais que celui du Mont-Mirel l'est, pour le moins autant. Reste, Monsieur, *à vous élever à Dieu* pour exécuter ce *qu'il vous dira* à ce sujet. » Quelle jolie manière de conseiller ! (Conf. Bourdenne, page 66.)

seigneur d'Astros aussi. Cette grande et austère figure de pontife, dans son passage trop court sur le siège de Bayonne, avait laissé chez tous les prêtres qui l'approchèrent une impression qui ne s'effaça point. A une fermeté d'acier, il joignait une âme des plus tendres. On l'avait vu, plus d'une fois, verser des larmes réelles sur les besoins du diocèse ; on avait admiré son intelligence du bien ; la sagesse avec laquelle il le poursuivait et l'atteignait.

M. Garicoïts quitta Toulouse en emportant ces mots de son grand archevêque : « Allez, commencez votre œuvre, et, sans devancer la Providence, suivez-la dans toutes ses indications, avec générosité et persévérance. »

Toute la conduite future de M. Garicoïts se trouve dans ce sage programme. Que de fois il l'invoqua à l'heure des hésitations ou des résistances secrètes, comme une expression évidente des volontés du ciel ! Il le rappelait pour entraîner les siens dans son abandon à la Providence ; pour leur faire partager son espérance surnaturelle : *in te domine, speravi non confundar in æternum.* Et à ceux qui semblaient ne pas être convaincus, il adressait l'apostrophe : « *Quid timidi estis, modicæ fidei ?* »

Il rentra donc à Bétharram, dans son Bétharram à lui, nu, vieux, pauvre, totalement désert ; il rentra le cœur plein de reconnaissance pour Dieu et de confiance. Il voyait déjà ses œuvres fondées.

Non qu'il se fit illusion sur les difficultés. Tous les calculs humains étaient contre lui. Mais si Dieu est avec vous, que peuvent les hommes contre vous ? Il avait foi en ces deux principes : l'un, que quand Dieu veut une fin il sait trouver les moyens ; l'autre, que la volonté divine ne se met jamais en contradiction avec elle-même.

II.

FONDATIONS : MISSIONS — ÉCOLES — COLLÈGES

Nous sommes en 1834. L'abbé Garicoïts a 37 ans, dont onze de sacerdoce, ordonné qu'il fut en décembre 1823.

La communion fréquente, la méditation de la vie et de la mort du Christ, le sacerdoce, apportent une maturité précoce. A cette école, l'esprit s'ouvre à l'intelligence des passions humaines, et l'âme se prépare de loin à des sacrifices indispensables. C'est une sorte de Nazareth intime où Jésus-Christ enseigne lui-même dans un silence éloquent et persuasif. M. Garicoïts y avait particulièrement profité. Dix ans de vie sacerdotale, pour l'âme humaine quel trésor ! Quel trésor surtout pour une âme telle que celle qui nous occupe. Aussi quelle ampleur déjà dans cette âme et quelle virilité ! Assise sur les sommets de la vertu inébranlable, elle y rayonne d'éclat et de puissance, comme si elle n'eût connu aucune lenteur dans le progrès spirituel. Nous la trouvons à cette heure telle qu'il nous a été donné de l'admirer vingt-cinq ans plus tard.

Essentiellement militante, elle aime la condition du soldat en campagne, le son inattendu du clairon interrompant le sommeil sous la tente ; la bataille ensuite, son élan, le sang qui coule, la victoire de Dieu par la mort. Aux hommes qui ont voulu faire quelque chose pour la cause de Dieu, M. Garicoïts n'a cessé de répéter : soyez *idoneus, expeditus, dispositus.* Ce qu'il traduisait à peu près ainsi, sa langue familière empruntant la couleur de son idée : « *Préparez-vous ;* le troupier en garnison apprend sa théorie et se rompt à l'exercice ; *débarrassez-vous*, pas de sac au dos, témoin Bugeaud en Afrique ; c'est la condition de la victoire ; puis, *disposé à tout*, allez où Dieu voudra, quand il voudra, autant qu'il voudra ; vos bras grand ouverts comme ceux du Christ en croix, trop honoré si, pour lui, vous avez le bonheur et la gloire de rencontrer la mort. »

Ce fut là son esprit. Quiconque l'a connu le reconnaîtra bien, lui tout entier, dans ce simple portrait. Car ce qu'il voulait dans les ouvriers de Dieu, ne le pratiquait-il pas d'abord lui-même ? N'offrait-il pas l'*exemplar* de l'idéal qu'il conseillait ? Il réussit donc ; il devait réussir. Quelle lui manqua de ces qualités aussi extraordinaires qu'indispensables, par lesquelles Dieu se réserve de faire aboutir les œuvres entreprises pour sa gloire ? Il avait la pauvreté et l'amour de la pauvreté ; le mépris de l'argent et des aises ; la passion des intérêts du ciel et des âmes ; l'abandon entier à la Providence ; une confiance filiale dans les promesses évangéliques ; l'austérité de la vie. Ajoutez à ces dispositions d'âme une santé de fer, une indomptable énergie, et, autour de lui, des populations ouvertes, prêtes bien plus à se montrer dociles à la parole apostolique qu'à lui opposer de la résistance. La moisson est mûre ; le moissonneur bien préparé ; il ne lui manque que des collaborateurs.

En les attendant, M. Garicoïts donne à des moines espagnols expulsés par le ministère impie de Ferdinand VII, un refuge dans ses murailles nues, et une hospitalité qui l'oblige, pour avoir du pain, à vendre tous ses livres. « Il ne me reste plus, écrit-il, que mon Bréviaire, ma Bible et ma théologie, et jamais je ne me suis senti plus heureux. »

Au premier compagnon qui eut la vertu de l'aller joindre, M. Garicoïts n'eut à offrir pour dîner de bienvenue « qu'un morceau d'un demi-pain et une pincée de lard, qu'il fit cuire lui-même au bout d'une baguette en guise de broche. » Le monde chrétien a-t-il jamais vu les duretés de la vie, les pratiques austères, empêcher les âmes d'élite de s'attacher aux conseils évangéliques ? Un grand esprit sacerdotal distingua, en tout temps, le clergé de Bayonne. L'évêque dut bientôt retenir l'élan des prêtres de paroisse qui voulaient, sous la direction de l'abbé Garicoïts, se vouer à l'œuvre des missions diocésaines. Les premiers compagnons furent Chirou, Guimon, Fondeville, Perguilhem, Larrouy, etc.

L'un était doyen ; l'autre professeur ; celui-ci curé de grande paroisse ; celui-là vicaire : chacun s'est démis de sa position spontanément, généreusement pour aller s'associer au zèle des âmes qu'il admire dans l'abbé Garicoïts. On se répandra dans les campagnes ; on prêchera ; on fera la classe aux enfants suivant qu'il plaira à la volonté de Dieu. Une petite communauté était fondée.

Le pieux abbé Garicoïts trouve tant de vertu dans ces prêtres que Dieu a envoyés vers lui, qu'il hésite à se regarder comme leur chef. Il en écrit à l'abbé Claverie restaurateur et supérieur du Petit-Séminaire de Laressore. L'abbé Garicoïts avait dans la plus haute estime la sûreté de son conseil. Il en avait apprécié la valeur avant d'être appelé à la direction du Grand-Séminaire, alors qu'il était professeur dans cet établissement. Le sage Supérieur lui répondit : « Ne trompez pas les desseins de la Providence et posez-vous simplement, comme supérieur, puisqu'il en faut un, pour l'établissement et le maintien de l'ordre qui doit être la base et la première loi de toute société. Mais, tout en vous donnant comme le chef et le régulateur de tous, vous savez trop bien, sans que je vous le dise, que ce n'est que pour en être le serviteur le plus humble et le plus fidèle. »

En 1840, l'évêque diocésain donnait à la communauté de ses prêtres-missionnaires une règle qui s'inspirait de l'esprit de Saint-Sulpice.

L'apostolat des pauvres, les missions rurales étaient organisées. Mais l'enfance, c'est-à-dire l'avenir, que ne réclamait-elle pas ? Voyez-vous le jeune et ardent fondateur de Bétharram entendant M. Jouffroy avouer que « la vraie difficulté est de former des maîtres qui donnent à la patrie des enfants moraux et religieux : » que « ce qui importe à l'Etat et au pays, c'est moins ce que l'enfant saura que ce qu'il croira, ce qu'il aimera, ce qu'il voudra » ? Pour incliner l'esprit des siens à ne pas se refuser à l'œuvre modeste de l'instruction primaire, l'abbé Garicoïts avait-il de pièce plus convaincante à leur commenter que cette page du même philosophe, s'adressant aux membres du conseil de l'Instruction publique, dont, pour le moment, il faisait partie ?

« Figurez-vous, Messieurs, un chrétien d'une âme tendre et élevée, qui ne voit dans l'humanité qu'une famille que Dieu élève ; et dans tous ses progrès, même dans ceux des sciences, même dans ceux de la liberté, autant de développements nouveaux du christianisme, autant de degrés de cette éducation du genre humain faite par Dieu lui-même ; figurez-vous ce chrétien laissant tomber ses regards sur le pauvre maître d'école, découvrant en lui le plus humble mais le plus puissant, le plus direct instrument de l'œuvre de Dieu sur les hommes, s'éprenant alors, comme Gerson dans sa vieillesse, de cette obscure et sainte mission qui associe le maître d'école à la providence de Dieu : s'en éprenant d'autant plus qu'elle est plus cachée, plus laborieuse, moins rémunérée ; puis, avec ces grandes vues, cette puissante conviction d'une part, et cet amour passionné de la mission de l'instituteur de l'autre, entrant dans une école normale, y annonçant sa foi et son amour, y organisant tout, y réformant tout, maîtres, élèves, enseignement, discipline, dans l'esprit de cet amour et de cette foi, pénétrant l'institution de toutes ces hautes idées, transformant tous ces élèves en autant de serviteurs de Dieu et de la civilisation, en autant de prêtres, si j'osais le dire, passionnément dévoués à cette vie obscure et laborieuse. Le dévouement trouve des forces précisément dans l'étendue des sacrifices qu'il s'impose. Le moyen que l'instituteur mène une telle vie, c'est qu'il la comprenne entièrement, c'est qu'il soit chrétien. »

En même temps que Jouffroy, Guizot résumait tout un programme de morale pédagogique en quelques lignes qu'il faut conserver pour l'honneur du bons sens public. Voilà quarante ans seulement

que ces éminents directeurs de l'Enseignement natio-
nal en France tenaient ce langage. Quelle décadence
en ce laps d'années et quelle distance nous sépare
de cette politique sensée et libérale !

« Pour que l'instruction soit vraiment bonne et
socialement utile, il faut qu'elle soit profondément
religieuse. Et je n'entends pas seulement par là que
l'enseignement religieux y doit tenir sa place, et que
les pratiques de la religion y doivent être obser-
vées ; un peuple n'est pas élevé religieusement à de
si petites et si mécaniques conditions. Il faut que
l'éducation populaire soit donnée et reçue au sein
d'une atmosphère religieuse, que les impressions
et les habitudes religieuses y pénètrent de toutes
parts. La religion n'est pas une étude ou un exercice auquel on assigne son lieu ou son heure ; c'est
une foi, une loi qui doit se faire sentir constamment, et partout, et qui n'exerce qu'à ce prix, sur
l'âme et sur la vie, toute sa salutaire action, c'est-
à-dire que, dans les écoles primaires, l'influence
religieuse doit être habituellement présente. Si le
prêtre se méfie ou s'isole de l'instituteur, si l'instituteur se regarde comme le rival indépendant, non
comme l'auxiliaire fidèle du prêtre, la valeur morale
de l'école est perdue, et elle est près de devenir un
danger. (1) »

(1) Guizot. Mémoires. T. III. p. 67.

Comme l'abbé Garicoïts devait adhérer de cœur et d'âme à de pareilles doctrines, lui, dont le respect pour l'enfance est allé jusqu'à n'avoir jamais tutoyé aucun enfant de son village, et beaucoup moins ses condisciples ou tout autre personne ; lui qui disait le 12 janvier 1859 : « D'où vient cette effrayante corruption qu'on trouve même chez les petits enfants ? Elle vient en grande partie de la négligence des prêtres. Pourquoi ne pas aider les instituteurs et les sœurs auprès de ces enfants ? Pourquoi ne pas les entendre en confession, sérieusement, même tous les quinze jours, et leur donner alors des conseils qui les soutiennent plus ou moins ? » Il ajoutait : « Un mot entendu à cet âge comme par hasard a sauvé plusieurs âmes. » Lui-même n'était-il pas arrivé au collège « sans avoir jamais connu le mal, même en l'ayant devant les yeux ? » Nous l'avons entendu avouer « que sur ces bancs seulement il avait appris ce que voulaient dire certains actes qu'il avait vus mainte fois et qu'il croyait fort innocents. »

Le clergé de France tout entier recueillit avec reconnaissance les déclarations honnêtes et libérales de Guizot et de Jouffroy ; on sait avec quel zèle, sur tous les points du pays, il s'efforça d'y répondre par la création d'écoles primaires, et par la fondation de Sociétés vouées à l'éducation populaire. Pour sa part, l'abbé Garicoïts se hâta d'ouvrir à

Bétharram une école primaire. Elle eut un succès dont on conserve encore la mémoire.

Grâce à l'arrivée de collaborateurs nouveaux, des maisons libres d'enseignement secondaire furent successivement créées. Les principales maisons de ce genre, dans le diocèse, finirent par être confiées à ses prêtres. Une légion d'esprits d'élite, se vouant avec ardeur à l'enseignement, s'était groupée autour de lui, studieuse, laborieuse, avide du bien, le poursuivant avec succès. Cette communauté s'appela la *Société des Prêtres du Sacré-Cœur*. L'esprit du sympathique et éminent Supérieur était si précis, si décisif, si entraînant et si puissant à la fois, que la Société se trouva gouvernée, moins par des constitutions que par l'impulsion énergique et la direction souveraine de l'abbé Garicoïts lui-même. Le fondateur donnait son esprit ; le temps seul pouvait dicter une règle qui répondît à cet esprit.

III.

On vécut quinze, vingt ans sous ce régime. La bénédiction de Dieu sur les œuvres de l'abbé Garicoïts paraissait évidente ; la plus belle floraison, l'âge d'or du lieu, dura de 1852 à 1864 époque de la mort de cet admirable ouvrier de Dieu.

Nous ne pouvons raconter l'histoire du bien dans les âmes opéré par les pieux missionnaires de Bétharram. Quelle douloureuse monotonie que l'histoire morale de l'humanité ! C'est l'éternel « ayez pitié de moi ! » de l'aveugle de l'Evangile. Et quand Jésus a passé avec l'inépuisable « soyez guéri ; » la même scène bientôt recommence sur le même chemin.

La reconnaissance publique a gardé les noms des zélés apôtres des campagnes pyrénéennes : Chirou, Fondeville, Perguilhem, Larrouy, Guimon, etc. Ce dernier, vieillard vénérable, d'une énergie infatigable comme sa charité envers les pécheurs, non content d'un apostolat de trente ans, des plus laborieux et des plus saintement glorieux, en Béarn et dans le pays basque, quitta le théâtre de ses missions, et, à l'heure où l'âge réclame le repos, il franchit les mers pour aller à Buenos-Ayres, consumer le reste de ses ans à prêcher le salut aux Basques, ses compatriotes, émigrés en nombre considérable, dans la Plata.

Cassou, Arthur de Bailliencourt méritent d'être nommés après eux. Tous ceux-là sont morts. Ce fut surtout parmi la jeunesse vouée à l'enseignement dans les collèges diocésains confiés à M. Garicoïts que la mort frappa sans pitié, à coups redoublés. Dans le champ de l'Eglise, les ouvriers eux-mêmes multiplient la moisson. Aussi, leur nombre a beau s'augmenter, il faut toujours dire : *Messis multa, operarii autem pauci*. Ainsi en arriva-t-il dans les œuvres de l'abbé Garicoïts. Les jeunes collaborateurs, redoublant d'efforts et de fatigues, s'épuisaient rapidement. Paul Carrère, Honoré Serres, Honoré Tarel, Victor Serres, étaient des plus distingués et des meilleurs parmi ceux qui succombèrent avant l'âge. Rossigneux, ce pieux converti, jadis le condisciple et l'ami d'Emile Augier et de Geffroy à l'Ecole normale, Marc et Angelin Minvielle, Didace Barbé vécurent plus longtemps, mais moururent jeunes eux-mêmes. Que d'autres noms se précipitent sous notre plume! A quoi bon allonger cette litanie funèbre? Ce ne fut pas sans douleur que M. Garicoïts vit ainsi tomber sous ses yeux la fleur du présent, l'espoir de l'avenir. Avec une paternelle piété, il recueillait leurs restes pour les ensevelir dans la chapelle de la Résurrection, sur le plateau du calvaire de Bétharram. Celle-ci ne suffisant plus, il fallut créer à côté un *campo santo.* La plupart sont là. Pèlerins qui passez, vénérez avec reconnaissance chrétienne ces tombes d'inconnus. Quelles grandes âmes et quelles laborieuses vies rappellent ces cendres généreuses !

Tous ces prêtres, une vraie légion, rangés autour de M. Garicoïts, vivaient de son esprit, de son impulsion, de ses exhortations, de ses exemples. Bon nombre étaient venus à lui, attirés par sa grande vertu, par cette douce séduction qu'exerce la sainteté. Ils n'étaient pas sourds, certes, au *corde magno et anima volenti* que leur répétait le maître. Le moyen de résister à son entraînante parole, véhémente, violente même parfois, passant sur les âmes comme le souffle d'un ouragan de Dieu ! Sa direction devint un pèlerinage. Toujours assiégé, toujours pressé, le saint prêtre se faisait d'un large loisir pour toute âme qui s'ouvrait. Son cher Suarez restait fermé ; toutes occupations cessaient, quand il s'agissait d'écouter une âme et de la relancer dans le devoir. Seule, sa communauté n'eut jamais à attendre. Il fut toujours le plus exact des siens.

Il avait des devises familières : *Fiat voluntas Dei,* — *Ecce venio, ecce ancilla,* — *Sursum corda,* —

Toujours en avant ! Fais ce que dois, advienne ce que Dieu voudra ! — qu'il répétait à tous, à l'oreille, en chaire, dans ses lettres. Elles résumaient admirablement son esprit. Il voulait qu'aux heures plus difficiles, chacun s'y rallie, — comme les soldats autour du panache blanc du grand Béarnais, — moyen sûr de se trouver non pas seulement au chemin de l'honneur, mais aussi et surtout au chemin de Dieu.

Comme le prêtre antique qui murmurait sa prière le long des rivages, en face de l'immensité de la mer, M. Garicoïts ne tenait son esprit que dans les grands horizons de la foi. Son âme n'en sortait point. Le monde, avec ses calculs, lui échappait absolument. Il ne croyait pas aux petitesses individuelles ; si on se risquait jusqu'à les lui faire remarquer, il ne les voyait point. *Excelsior !* Son milieu était ailleurs, dans les sphères surhumaines. Mais là, quel maître ! Dans ses conférences hebdomadaires à ses prêtres, porté sur les ailes d'une grande théologie, il lui arrivait souvent de s'abandonner au vol de son âme. L'éloquence alors, une éloquence incomparable s'emparait de lui. Sa parole, au repos naturellement embarrassée, hésitante, devenait tout à coup abondante, pénétrante, entraînante ; sa voix jetait des éclats ; des éclairs avec des larmes jaillissaient de ses yeux ; son bras, à

2*

l'étroit dans la chaire, oubliant les obstacles, s'étendait dans la direction de la pensée. Il introduisait avec lui son auditoire comme dans les grandes avenues de la sagesse et de la beauté éternelles. Tout intime qu'elle fût, la scène était grandiose. Elle devenait quelquefois d'autant plus émouvante que ce saint, grand orateur sans le savoir, sans le soupçonner, y mettait fin par un dernier trait, non moins éloquent, non moins grand que ce qui l'avait précédé. La parole s'arrêtait sur ses lèvres ; la tête s'inclinait doucement en avant ; la main droite fébrilement portée sur le cœur, il tombait à genoux, en disant : « Messieurs, messieurs, nous ne sommes que des serviteurs inutiles ; moi, plus que tout autre ; *tu autem, Domine, miserere nostri !* »

Serviteur inutile, non pas lui. Généralement levé à trois heures du matin, il jeûnait en tout temps, ou bien oubliait de déjeuner couvrant de ce prétexte des mortifications calculées. Que de fois il arriva à sept heures du soir, n'ayant rien pris de la journée ! On finit par lui donner un surveillant de bouche. Trop tard, hélas ! Il prenait sujet de la solidité de son corps et de l'excellence de son estomac, pour leur prodiguer des tortures. En semaine sainte, à l'aumônerie du couvent d'Igon, on a vu l'humeur joviale du P. Mérigot seconder cet amour de la pénitence, en lui préparant une salade, mélange informe d'éléments maigres les plus hétérogènes, tel que l'excentricité d'un naturel des rives de la Tamise ne s'en permit jamais. Sous tant de conspirations, cette forte santé succomba. Ce corps chancela avant l'âge. Mais les traits du visage, singulièrement nobles et réguliers, ne s'altérèrent point. Sept heures avant sa mort, il se récréait au milieu des siens, avec sa gaîté et son entrain habituels, malgré le mal qui l'accablait. Il ne permit à l'agonie de l'étreindre que juste le temps qu'il faut à recevoir les derniers sacrements. Quand il partit pour toujours, ce fut rapidement et sans bruit, à son ordinaire, comme il fit pour chaque acte de sa vie.

Que de faits, que de traits, que de détails étonnants son biographe relève dans cette vie régulière, dans cette carrière classique, allions-nous dire ! ·

Dès les premières années de son sacerdoce, cette vie tient de la légende. Par les froids durs, il a donné son manteau, il a donné ses bas aux pauvres du chemin ; supérieur de communauté, il donne avec une générosité dont on lui fait un reproche, mais dont on ne le corrige point. « Il rend, dit-il, ce que la Providence lui prodigue. » La caisse toujours vide, l'argent arrive toujours à temps avant la signature du protêt. Il se refuse obstinément à assurer ses maisons. À l'entendre, Dieu les garde ; il craindrait, par cette prévoyance, de tarir les sources mêmes de la divine Providence.

Au dehors, comme au dedans, on admirait cette sainteté de vie. Le recueillement de toute sa personne était tellement saisissant qu'on hésitait à l'aborder. Quand il passait, on se taisait pour mieux le regarder ; quand il allait parler, on se recueillait spontanément pour mieux l'entendre ; quand il priait, dans son action de grâce surtout, on se sentait pressé de prier à ses côtés, tant Dieu semblait présent à sa prière. Des hommes éminents sollicitèrent ses conseils. Monseigneur de Salinis, aux jours de repos, se faisait l'habitué de Bétharram, où il se recueillait près de Notre-Dame et du pieux Supérieur. O père Hyacinthe, souvenez-vous du sulpicien Charles Loyson et de sa grave et décisive retraite sous la guide du P. Garicoïts !

Pyrénéens, nous savons bien que nos Pyrénées sont belles ; néanmoins, il nous plaît de l'entendre dire. Aussi, aux voyageurs qui en reviennent, aimons-nous à demander leur impression. Ainsi fîmes-nous plus d'une fois quand l'occasion s'en offrit, à l'endroit de M. Garicoïts. Notre admiration se reprochait de n'être point suffisante quand nous avions entendu s'exprimer sur sa vertu le saint abbé Cestac, l'austère abbé Saint-Guily, les directeurs des Filles de la Croix de Saint-André, MM. Taury, Fradin, Mérigot.

Monseigneur Laurence, Monseigneur d'Arbou,

Monseigneur Hiraboure, Monseigneur de Salinis, Monseigneur Pie (1) ; parmi les survivants, le docte et pieux abbé Menjoulet, M. Franchistéguy, vicaire général, Mgr Lacroix, en parlèrent toujours dans le même sentiment, un sentiment qui se résume dans cette formule simple et expressive : *Quel saint !*

Nous avons nommé le couvent d'Igon. C'est à quatre kilomètres de Bétharram, une pieuse cité d'où, comme d'une inépuisable maison maternelle, les Filles de la Croix de Saint-André se répandent dans les paroisses du midi de la France. Fondation du P. Fournet, cet institut naquit à La Puye, près de Poitiers. L'évêque de Poitiers en est le supérieur général. M. Garicoïts vit naître, grandir, se développer l'établissement d'Igon. On peut même dire que cette grande maison fut son œuvre. Il lui voua la moitié de son zèle, de son activité, de son existence. Il inspira avec une telle puissance à ces pieuses religieuses, son esprit avec celui du P. Fournet, que les éminents délégués de Mgr Pie, unanimes à reconnaître leur maître, à eux aussi, dans la personne de M. Garicoïts, lui abandon-

____

(1) Nous avons recueilli nous-même des lèvres de l'éminent et regretté cardinal l'expression de son admiration pour M. Garicoïts. Son Eminence espérait être l'un des introducteurs de sa cause.

nèrent absolument l'édification des âmes pour ne se réserver que l'édification des murailles, « l'œuvre de la bâtisse, » comme disait l'abbé Mérigot.

Les Filles de la Croix peuvent revendiquer, à juste titre, M. Garicoïts pour leur fondateur dans le Midi.

IV.

ESPRIT DE L'ABBÉ GARICOÏTS

Le vénéré Supérieur mourut sans laisser aux siens de règle écrite, ni adieux, ni testament spirituel. Mais il leur laissa un héritage que chacun s'empressa de recueillir comme un des plus signalés bienfaits de Dieu sur sa propre vie : son esprit, cet esprit si éminemment évangélique.

Une règle est bien le rouage indispensable dans une communauté ; mais l'esprit, c'est la locomotive. Si l'on permet cette comparaison hardie mais tout-à-fait dans la couleur de sa parole, M. Garicoïts fut pour les siens la locomotive qui les emporta à sa suite. Puissance, il ne connaissait pas les impossibilités ; il n'admettait pas les hésitations qu'il regardait comme des insultes à la volonté divine. L'obstacle théorique suffisait parfois à soulever ses saintes colères ; il lâchait alors le sifflet d'alarme ; on peut lui reprocher d'en avoir appelé trop facilement à ces moments, au tribunal de Dieu. Cette justice est si haute et si sainte, et nous, nous sommes si petits et si faibles !

Au reste son tonnerre ne grondait qu'exception-
nellement et du haut de la chaire. Descendu au
tête à tête, il était si plein de mansuétude et de
cordialité ! Il riait alors de ses éclats dont on se
plaignait doucement ; il jetait sur vous son regard
limpide et illuminé en vous pressant cordialement
les mains ; il vous parlait de l'amour divin avec
une tendresse communicative qui mettait des larmes
dans ses yeux et l'émotion dans votre cœur. Voyageur « désorienté » vous aviez ainsi retrouvé votre
boussole ; « wagon déraillé », il vous avait remis
sur la voie et fait reprendre votre course.

Avec lui, en effet, il s'agissait toujours de courir ;
lui-même, comme s'il eût senti la vie lui échapper
avant l'heure, il disputait au temps sa rapidité.
Les chevaux qui le portaient galopaient toujours ;
la cloche qui annonçait son arrivée, soit à Bétharram, soit à Igon, sonnait encore qu'il donnait
déjà audience ou montait en chaire pour une
instruction ou une leçon de théologie; le temps
de la récréation s'employait à l'expédition des
affaires matérielles ou bien à franchir de nouveau,
au galop, la distance qui séparait les deux communautés, celle d'Igon et celle de Bétharram. Il
ne s'attardait que dans son oraison prolongée.
Celle-ci, avec sa messe, prenait son temps de 3 heures
à 5 heures ou 5 heures 1/2 du matin. Il faisait en
sorte de donner à l'étude de la science sacrée les

deux ou trois heures qui suivaient son oraison.
Il notait sur une feuille volante, une pensée, un
passage, un sentiment qui l'avait impressionné
dans son auteur. Cette citation s'allongeait, sur
le papier, de points multipliés, puis de mots sou-
lignés deux et trois fois qui résumaient des pages
de commentaires, jets subits et spontanés de son
esprit puissant ; des points encore alternant avec
des tronçons de phrase.

Cette demi-page contenait toute l'allocution ou
la conférence prochaine. Celle-ci se développait
fraîche de couleur et bien nourrie, quoique frais
éclose, convaincue et convaincante, autour de ces
sommets fertiles ; le discours restait dans un essor
élevé et puissant comme le vol royal de l'aigle
voyageant dans les montagnes, et ne se posant que
sur les cîmes les plus rapprochées du ciel.

Son esprit ne s'écrivait point. Nous avons peine
à croire qu'on ait de lui six pages de suite. Il
jaillissait et ne pouvait se recueillir que par
fragments ; au confessionnal, en chaire, dans ses
lettres, dans ses lettres surtout. On l'y retrouve
tout entier, jusque dans ses répétitions. Le moyen,
en effet, dans une vie chrétienne, de ne pas redire
que cette vie ne doit être qu'abandon à Dieu et
sacrifice ?

« Je n'attends rien de moi, mais tout de Dieu.

» — Que ces mots m'ont comblé de joie, mon
» cher ami, répondit-il à l'un des siens, continuez
» à remplir les devoirs de votre position et à vous
» dire serviteur inutile, à faire en vous le vide
» du créé ; et tenez pour certain que Dieu vous
» remplira de ses dons et de lui-même et que
» sa bonté et sa sagesse, qui vous ont conduit
» dans cette petite société, vous feront avancer
» solidement dans son service, d'abord et surtout
» par cette loi d'amour et de charité qu'il a cou-
» tume de graver dans les cœurs, et puis, très
» sûrement par vos règles et vos supérieurs. *Euge*,
» donc ! Courage !... »

Sa grande devise, avons-nous dit, était : « *Ecce
venio* me voici ! » (1) pour faire la sainte volonté
de Dieu ! « *Fiat, fiat !* » Il n'y a que cela dans l'existence humaine. Il avait fait imprimer et distri-
buait à profusion une *méthode pour connaître et
suivre la volonté de Dieu :* « Redoubler de zèle
pour remplir mes devoirs actuels. — Renoncer à
toute affection désordonnée. — Me disposer à la
plus parfaite imitation de N.-S. Jésus-Christ. —
Examiner, exposer à qui de droit. — Obéir, pour
ce qui est de moi, sans retard, sans réserve et
sans retour, plutôt par amour que par tout autre

_____

(1) Psaume 33 V. 8. — Hebr. 7.

motif. » Chercher la volonté de Dieu avec une *délicatesse virginale* et la *remplir en zouave*, voilà le but, disait-il, vers lequel nous devons tendre sans cesse.

Il cherchait à faire de cette disposition le *sentiment roi* de toutes les âmes dont il avait la direction. « Je comprends bien votre position, écrit-il ailleurs, je sens tous vos embarras; toutefois je ne suis pas d'avis que vous demandiez à vos supérieurs de n'être plus à la tête d'un emploi. Vous n'avez pas oublié quel est là-dessus mon principe : *Ne rien demander, ne rien refuser ; seulement et simplement exposer le véritable état des choses devant Dieu, à vos supérieurs, puis obéir avec une confiance sans borne.* Vous avez tout à gagner d'agir ainsi ; parce qu'alors vous faites la volonté de Dieu, et vous la faites d'une manière digne d'*Elle*. »

Qu'il écrive à ses prêtres ou aux religieuses de Saint-André, c'est toujours la même doctrine. Une de celles-ci se trouve insuffisante dans son emploi et calcule qu'une autre ferait mieux qu'elle. Il ne manque pas de petites têtes ou d'âmes délicates saisies de pareils scrupules. « Faites et faites le mieux que vous pourrez ce que vous devez faire dans votre position, ne comptant que sur Dieu, sans vous occuper de ce que ferait ou ne ferait pas une autre, et sans être en souci même du succès de vos travaux. *Arrivera ce que le bon Dieu voudra !* Vous me dites qu'il y a beaucoup à faire ; je n'en disconviens pas, mais raison de plus pour que vous ne soyez pas une *tournilleuse, mais que vous exerciez l'immensité de la charité dans les bornes de votre position, d'un grand cœur, avec une âme qui veut. Vous pouvez tout en Celui qui vous fortifie* et qui vous est toujours présent, pour être, à chaque instant, votre lumière, votre force, votre tout. Je le prie de tout mon cœur que vous traitiez avec lui d'égale à égal, comme il le veut tant ; c'est pour cela qu'il est descendu si bas, *petit enfant, pain quotidien ;* oui, afin de vous inspirer un esprit vraiment filial pour lui. Il serait grand temps de vous laisser gagner par de pareilles avances de sa part ! Amen. »

Lequel des disciples de l'abbé Garicoïts ne se souvient d'avoir entendu de ses lèvres, sous des formes diverses, cette substantielle et vivifiante doctrine ?

Il ne manque pas de malheureux dans la vie, et de malheureux par leur seule faute. L'illusion qui porte à croire qu'on a mal choisi sa carrière, si parfaite que soit celle-ci, est une rude tentation. Qu'en est-il lorsque ce n'est plus une illusion mais une amère réalité ? A ces souffrances morales, l'abbé Garicoïts donnait des paroles de consolation, qui sont comme un code de conseils à de tels maux. Il s'adresse à une religieuse : « Vous n'êtes plus religieuse que de nom et d'habit ; vous ne faites plus rien qui vaille, dites-vous, et pourtant vous ne vous tourmentez plus... Je vous reconnais bien à ce langage, toujours trop méchante et trop craintive. Vous n'êtes plus juste pour reconnaître le bien que le Seigneur opère en vous et par vous, et, en même temps, vous ne reconnaissez pas le mal que vous faites. Reconnaissez donc le premier et dites : « Seigneur, je suis bien indigne ! » mais je ne vous en remercie que davantage ; faites » que j'en profite pour vous aimer et pour vous » servir avec plus de zèle. » Reconnaissez aussi le second et dites : « Voilà bien le fruit de mon jar- » din, de mon fonds ; il ne peut en sortir rien de » meilleur, mais une parole, Seigneur Jésus, et » tout changera de face ! » Et puis, paix et courage en Dieu ! Plus de cette tranquillité qui vous fait peur, plus de ces pensées de changement, plus de craintes de votre position actuelle. Quoiqu'il en soit du passé, Dieu vous y veut et il veut vous y bénir ; c'est ma conviction et ce doit être la vôtre, pour corriger en vous certaines mauvaises façons que je ne puis y souffrir ; je les trouve tout à fait déplacées. Le larron sur la croix était-il dans sa position, malgré son passé ? Dieu l'y voulait-il ? Voulait-il l'y bénir ? Oui, sans doute, et telle fut sa profonde conviction, que Dieu daigna le bénir d'une manière si fructueuse pour lui, si instructive pour nous. Je vous recommande la même pratique, la même réponse à vos pensées, et cela constamment, et je vous promets que Dieu vous bénira en tout. »

Peut-être en avons-nous dit assez pour faire saisir la pureté de l'esprit évangélique qui animait cette grande âme sacerdotale. « Faites ce que Dieu » veut, parce qu'il le veut, et de la manière qu'il » le veut, voilà la perfection, voilà l'amour, le » grand devoir de l'amour. » L'a-t-il souvent répété, et surtout l'a-t-il largement pratiqué ! Il aimait sa petite communauté comme le père aime sa fille, et néanmoins, avec quel abandon il la mettait à la dévotion de son évêque de Bayonne ! Il avait donné un esprit à son œuvre ; cet esprit il le regardait comme la condition nécessaire de sa vie et de sa marche régulière. Et néanmoins, une volonté nettement exprimée de son évêque eût suffi à lui faire laisser là ce travail d'enfantement de toute sa vie. On le vit bien quand une colonie des siens s'alla établir à Buenos-Ayres.

Parti pour embarquer ses prêtres à Bayonne, il fallut la décision épiscopale pour l'empêcher de s'en aller lui-même à la dernière heure, en Amérique, au lieu de retourner à Bétharram et à ses œuvres qui l'attendaient avec impatience, loin de se douter de ses tentations d'outre-mer. Il serait parti sans adieu, sans chaussure et sans bâton, avec son sac de voyage pour tout équipement. « Il me semble que je ne tiens plus à l'estime de personne, et je regarde cela comme une véritable grâce. *Dieu pour Dieu, et tout le reste aussi pour Dieu*, ou bien encore *rien que pour Dieu*. C'est ce que je vous prie de demander sans cesse au Seigneur pour vous et pour moi : *la seule et l'entière volonté de Dieu*... La volonté de Dieu, ah ! il vous est si facile de la connaître, d'y trouver votre bonheur ! Que faut-il pour cela ? *Chercher* votre bonheur dans l'accomplissement de cette volonté, et pas ailleurs. Cela vous est-il facile ? Cent fois plus facile que tout ce que vous faites ou, du moins, croyez faire depuis déjà trop longtemps. Oui, cent fois plus facile, entendez-vous ? Faites-en l'expérience et vous verrez. »

Directeur des âmes au sens vrai du mot, il ne voulait pas que ces âmes *s'arrêtent en Dieu* même, mais qu'elles montent toujours de perfection en perfection.

Clairvoyant dans le discernement des esprits, il passait pour un directeur des plus éminents dans le choix à faire d'une carrière. En fait de vocation, l'impression première de la première enfance était d'après lui une impression providentielle. C'est celle-là qu'il fallait suivre. Il tâchait de la faire découvrir à celui qui venait faire appel à son dévouement ; il voulait que chacun en refit l'histoire. Si, comme l'étoile des mages, elle disparaissait, il importait de savoir à quelle heure, dans quelle circonstance ; lui-même faisait découvrir pour quel motif probable avait eu lieu cette éclipse. Il lui fallait des arguments bien concluants pour le convaincre que cette voie, indiquée avant toute pression des passions, n'était pas la bonne. Convaincu, la vérité force à dire qu'il ne l'était jamais absolument. Voir une âme s'engager dans une autre direction ne le laissait jamais sans une arrière pensée.

Absorbé dans ses communautés de Bétharram et d'Igon, son esprit ne sort guère de ce milieu qui serait fort restreint si une seule réunion de caractères divers à gouverner n'était déjà tout un monde.

Il est à croire que faire profession de tendre à la perfection ne suffit pas pour atteindre ce but élevé auquel on vise en religion. La fraternité, peut-être, engendre la familiarité. Celle-ci, de quel tact et de combien d'égards n'a-t-elle pas besoin, pour rester respectueuse, élevée et désirable ? — « Voulez-vous vivre content en religion, disait l'abbé Garicoïts, et de manière qu'on soit content de vous ? Vivez *ordinabiliter, sociabiliter et humiliter ; ordinabiliter sibi ; sociabiliter proximo ; humiliter Deo :* soyez ordonné, sociable et humble ;

ordonné pour vous ; sociable pour le prochain ; humble envers Dieu ».

Il aimait particulièrement l'esprit de Saint-Vincent de Paul ; il commentait de préférence les avertissements du saint aux Filles de la charité. Les réclames du moi chez les individus et dans les corporations, si contraires à son zèle désintéressé, l'affligeaient sensiblement. On a pu croire qu'il enviait pour sa « petite communauté » la modestie constante des prêtres de la Mission, qui les a préservés de tant d'écueils, en les maintenant dans leur esprit premier et en les défendant de la suffisance de corps, amour-propre impersonnel, mélange peu discret d'*égotisme* secret et de mondanité qu'il dénonçait comme la perdition de l'esprit de Dieu dans les familles religieuses. « S'il n'y a plus sur la terre ni caractères, ni foyers, ni patries, il faut s'en prendre à la Révolution qui a *substitué le règne de l'homme à celui de Jésus-Christ. Les* plus honnêtes gens oublient que Dieu est l'alpha et l'oméga, le commencement et la fin des choses, et rapportent tout à l'humanité. Cela se voit en grand, dans le monde, chez les peuples ; et, en petit, chez les *individus, dans les familles et les communautés religieuses.* Mais ici, comme là, c'est un grand malheur. Oui, ici, où l'on fait profession d'*étendre le règne de Dieu* en soi et autour de soi, c'est bien plus monstrueux que dans le monde de voir tout rapporter à l'humanité ; le monde, c'est la région des ténèbres. Mais, dans les familles chrétiennes, dans le clergé et jusque dans les communautés religieuses, que voyons-nous, hélas ! trop souvent ? Le souci du *moi* ; le *moi*, la fin des choses et des meilleures choses. Et alors, comme tout est abaissé, dégradé dans le sensualisme ! Tout tombe et s'avilit, la philosophie, la théologie, les caractères et les ministères les plus élevés. On ne voit que *soi*, on ne pense qu'à *soi*, et de là toutes ces préoccupations terrestres où se perdent les gens du monde. Quelle perte de temps, quelle monstruosité et aussi quel scandale ! » (1)

Une simple lettre nous révèle sa théorie de l'art de gouverner une communauté : « Le premier des gouvernements, le modèle et l'appui des autres, c'est celui de l'Église. Jésus l'a posé sur l'amour. « Pierre, m'aimes-tu ?... Pais mes agneaux. » Oh ! que nul ne s'ingère à gouverner ses frères ; s'il en sent le désir, qu'il l'étouffe aussitôt, qu'il s'en fasse honte, qu'il s'en fasse peur. Mais si la volonté positive de Dieu vous y oblige, soumettez-vous très sincèrement, consolez-vous, ayez confiance. Il y a souvent ici plus de vertu à accepter qu'à refuser, et il y a parfois aussi peu d'humilité à se croire

____

(1) Conf. *Sainte-Thérèse*, édit. Bouix, t. 1. p. 64 et suiv.

d'assez grande importance pour entraver l'œuvre de Dieu qu'à s'attribuer le talent de la faire réussir. Si Dieu est avec vous, tout ira bien, non pas sans travail, sans difficulté, sans angoisse. Gouverner, c'est enfanter. Le roi, dans l'Église, c'est le Pape, c'est-à-dire le Père : les supérieurs, en religion, sont les mères. On n'enfante point sans souffrir : la peine est plus qu'une condition ici, elle est presque un moyen : en tout cas, elle est inévitable ; mais, au demeurant, je le répète ; si Dieu est avec vous, tout ira bien. Et Dieu sera d'autant plus avec vous, qui êtes en charge, que vous serez avec lui plus vrai, plus simple, plus confiant, plus abandonné, plus enfant. Vous devez être prudent, c'est capital dans le gouvernement ; mais tenez pour certain que vous le serez toujours suffisamment avec les créatures, si vous êtes toujours absolument simple avec Dieu. »

Il écrivit un jour à une supérieure les considérations dont elle devait s'aider pour traiter ses collaboratrices selon la justice. Nous les publions à la fin de ces pages. C'est comme le testament du respect que se doivent les serviteurs du même Maître, respect profond, dont l'abbé Garicoïts ne se départit pas un seul jour envers le plus humble des siens. Le Sauveur fut-il autrement envers les disciples qu'il avait attachés à sa personne ? Cet exemple suffisait à M. Garicoïts. Le titre d'élu, d'appelé de Dieu vaut bien que l'homme s'incline devant le choix divin. Au reste, manquer à ses inférieurs, pour un supérieur, n'est-ce point abdiquer d'avance le droit au respect qui lui est dû?

Lui-même va nous livrer le secret de l'affection respectueuse dont il était l'objet de la part de tous. « Vous me demandez un mot, écrit-il, sur la manière de se faire *craindre* et *aimer*. Disons plutôt sur la manière de se faire *aimer* et *respecter*. Oui, affection respectueuse, *amour respectueux* : que ne dit pas ce mot ! L'amour respectueux dont je parle, tenant le milieu entre le faux et souvent criminel amour mondain, et l'hérétique et cruelle charité des jansénistes ; infiniment éloigné de l'un et de l'autre, l'amour respectueux, dis-je, est un sentiment précieux, également précieux aux yeux de la foi et de la raison. C'est un tel sentiment qui a dicté toute la conduite de Notre Seigneur dans sa carrière mortelle. Pourquoi y est-il entré par ce mot : Me voici ! et ne s'est-il jamais départi de ce dévouement sans bornes? C'est qu'il nous a aimés et estimés beaucoup. Et pourquoi nous a-t-il tant aimés et estimés? C'est qu'il voulait se faire aimer et estimer de nous, et se servir de cet amour respectueux que nous concevrions pour lui, afin de gagner efficacement nos cœurs à Dieu, son Père. Vous aussi, vous voulez vous concilier une affection respectueuse dans vos enfants, afin de vous en servir comme du moyen le plus efficace pour porter leurs cœurs à Dieu : c'est très bien ! Mais comment me faire aimer et estimer de ces enfants ? Tout en quatre mots : Aimez-les, estimez-les beaucoup, et agissez à leur égard, *constamment, constamment,* en personne qui les aime et qui les estime ; leur parler, les instruire, les récompenser, les punir même en personne qui les aime et qui les estime. C'est ce qu'a toujours fait notre divin modèle Jésus-Christ. Affection respectueuse donc pour tous les membres de la congrégation et pour toutes les personnes qui seraient confiées à vos soins ! Puisse cet amour respectueux, être toujours, dans la très chère communauté, le lien qui unisse les membres, l'âme de toute leur conduite, le moyen, le grand moyen pour parvenir à votre fin. Une *pensée* propre à entretenir ce sentiment dans le cœur : Tout ce que je ferai à cette personne, à cet enfant, à ce malade, c'est à Jésus-Christ que je le ferai.

En voici une autre sur la manière d'aller simplement au bon Dieu : « Vous regardant toujours comme un serviteur inutile, ne point vous appuyer sur vous-même ; ne vous porter à rien par vous-même ; mais aussi connaissant bien et le cœur et le bras de Celui qui daigne vous employer ; ne jamais vous refuser à rien, vous prêter à tout même à la mort; ayant cette parole à la bouche, ce sentiment dans le cœur : Seigneur, je ne suis pas capable, je ne suis pas digne, peut-être même suis-je incapable et indigne, mais une parole, Seigneur, et je serai digne et capable. Vivons et mourons dans ce double sentiment de profonde humilité et de confiance pleine d'amour et d'abandon. »

Dès les premières années de la fondation de sa communauté, l'esprit de Dieu en l'abbé Garicoïts fut si remarqué, le discernement des vocations si perspicace, la direction des âmes si sûre et si lumineuse que les missionnaires diocésains de Tarbes et d'Aire se rendirent à Bétharram pour passer quelque temps à l'école du saint et éminent supérieur. Au souffle de cet esprit si profondément sacerdotal, ils apprirent la pratique de la vie commune et la conduite à tenir pour le succès des missions dans les campagnes. Les premiers missionnaires de N.-D. de Garaison, plus connus aujourd'hui sous le nom de missionnaires de Notre-Dame de Lourdes, ont été formés par lui. Passionné uniquement pour l'évangélisation des âmes, avec quelle humilité il proclamait les autres communautés plus aptes et plus saintes que la sienne; avec quelle joie il les voyait s'établir, à ses côtés, dans le diocèse; avec quelle cordialité il leur faisait les honneurs de sa chapelle et donnait à leurs membres l'hospitalité !

Le bien, certes, est assez difficile par lui-même pour qu'il ne se trouve pas contrarié par ceux-là même qui devraient le favoriser. Le champ de Dieu n'est-il pas vaste assez pour donner libre carrière à toutes les activités ? Rester dans son emploi, dans les limites de son devoir et laisser faire les autres, voir leur œuvre prospérer et grandir, cela est-il donc si difficile qu'il y faille de si pressantes admonitions ? « Tout le monde est ravi de voir un homme qui ne s'étale point, qui ne se montre que par force et à regret, plein de discrétion, de réserve, de charité et de patience, *évitant surtout de s'occuper de choses qui ne le regardent pas.*

Un esprit contraire, ardent à s'ingérer sans mission, sans grâce d'état, sans réflexion même, prompt à tout contrôler et à tout critiquer, foulant aux pieds, je ne dis pas les lois de la douceur et de la charité chrétienne, mais les plus strictes convenances d'une politesse vulgaire, voilà ce qui empêche l'établissement des meilleures œuvres. »

Pendant près de trente ans, aumônier des sœurs de Saint-André à Igon, il n'y trouva, grâce à cet esprit, aucune difficulté. « Je me serais rendu nuisible, impossible mille fois à Igon, si je n'avais pris le parti de m'effacer entièrement en tout ce qui ne me regardait pas. Par là, je gardais une pleine indépendance en chaire et au confessionnal pour tout ce qui intéressait la conscience. On en est venu à vouloir deviner mes idées et même à suivre celles auxquelles je n'attachais aucune importance, et que je voulais encore moins donner comme une règle de conduite.

L'aumônier doit être un auxiliaire et non un embarras. Il doit aider, favoriser le mouvement imprimé par les autorités de l'Institut, selon son esprit, ses règles, ses usages. Quel malheur s'il se mêlait d'administrer. En suggérant des vues personnelles, en imposant des industries pieuses, on finit, hélas ! par compromettre le bon ordre de la maison, même son existence. »

Le cadre que nous voulons donner à notre travail nous oblige à ne pas nous étendre davantage sur ce sujet. Ce qui précède ne suffit-il pas à faire deviner l'esprit de l'abbé Garicoïts. Il pratiquait énergiquement lui-même ce qu'il conseillait. Cet esprit animait tous ses actes et chacun de ses actes. Aussi comme il lui appartenait de répéter le mot de saint-Paul : *Mihi vivere, Christus est !*

V.

Cet esprit si évangélique et partant si sacerdotal est le seul héritage que l'abbé Garicoïts ait légué à ses prêtres, à tous ceux qui le connurent. Le livre de l'abbé Bourdenne l'a recueilli en partie. Son héros est bien l'homme que nous avons connu ; mais sa congrégation ne doit pas manquer de documents qui le feront plus complétement apprécier. Heureux les disciples appelés à rendre à cette puissante mémoire les devoirs que rendirent à Ignace, les Laynez et les François de Borgia.

L'abbé Garicoïts n'essaya point d'écrire une règle. Pourquoi ? on se le demande, en le regrettant. Est-ce par raison ou par modestie, ou par l'une et l'autre à la fois ? Trouvait-il dans l'impétuosité naturelle de son âme des difficultés difficiles à écarter ? Trouvait-il dans les hasards providentiels de la naissance de sa communauté et dans sa situation diocésaine qui en était la conséquence, un état de choses qui rendait un essai de règle personnelle pour le moins prématuré ? Il ne s'en expliqua jamais. La règle insuffisante de 1840, sous clef dans un tiroir ; et, les constitutions de Saint-Ignace à la main, il gouvernait tout par son esprit bien connu et bien compris : docilité absolue à l'Évêque, à l'instar d' « un camp volant » sous la main de son général ; puis, deux seules préoccupations : la sanctification personnelle et la volonté de Dieu. Jeunes et plus âgés, il entraînait tous les siens dans cette voie. Après avoir eu la consolation de les voir s'établir à Buenos-Ayres et à Montévidéo, il avait celle de voir sa page écrite résonner outre-mer, chaude, vibrante et obéie comme s'il eût parlé à sa communauté de Bétharram. Là-bas comme ici toute décision s'inspirait de son esprit et celui-ci était tellement clair et décisif qu'il suffisait de l'évoquer pour le rendre comme présent et parlant.

Reconnaissons pourtant que le détail de l'administration n'était pas son fait. Les heurts inévitables le contristaient ; volontiers, dans le silence, il se les attribuait sans doute à lui-même ; et, tout comme il fut sur le point de quitter sa communauté d'Europe pour se mettre à la tête de la colonie d'Amérique, ainsi, plus d'une fois, il parut tenté de rappeler d'Amérique tel de ses prêtres en qui il avait confiance pour lui abandonner le gouvernement général de toutes ses maisons. Il fallait les protestations contraires de 'tous les siens pour le retenir à son poste, à l'encontre de son excessive humilité.

L'administration, c'est la science des jugements modérés ; le discernement des aptitudes individuelles ; le sentiment des passions humaines, grandes et petites et leur pondération équitable ; l'intuition aussi des initiatives fécondes qu'il faut soutenir et celle des calculs intéressés qu'il est souvent prudent de décourager. Tout cela, quel dédale inextricable, fatigant et petit pour ce cœur large et cette intelligence élevée qui se tenaient plongés dans le cœur de N. S. Jésus-Christ et dans les profondeurs lumineuses de l'Eucharistie ! Incomparable dans la haute théologie, a-t-il jamais su enseigner le rudiment de cette science ? Perspicace à deviner la fin lointaine et cachée d'une subtilité janséniste, il ne comprenait rien aux subtilités pratiques que fait éclore l'amour-propre. Celles-ci l'irritaient en quelque sorte ; il leur répliquait par le *modicæ fidei quid dubitastis* ? Il leur indiquait pour remède le *recta sapere*. La droiture de l'âme devait être le guide de chacun. Personnellement il n'en connut pas d'autre. Aussi, ce ne fut pas sans vérité et sans à-propos que, sur sa dépouille mortelle, son Évêque, prononçant son éloge funèbre le prétendit résumer dans ces paroles de son texte : *Justum deduxit Dominus per vias rectas.*

Peut-être pourrions-nous nous arrêter là. Sans grand effort d'induction le lecteur peut déjà soupçonner la nature des épreuves morales par lesquelles il plut à la Providence d'achever cette grande vertu. Mais cette phase de l'existence de l'abbé Garicoïts n'est ni la moins intéressante ni la moins émouvante. Son biographe l'a négligée. Tant de discrétion nous semble excessive. L'avouerons-nous? Il nous plaît assez de voir saigner le cœur des saints. Nous aimons les suivre aux prises avec les lacunes de leur nature; avec les persécutions innocentes des événements; avec les excès même de leur vertu. Tout cela nous console nous-même et nous fait espérer. Nous avons besoin de constater sur nature, sur des natures de choix que la sainteté ne marche pas parmi les hommes avec la mesure sereine et monotone de la lune dans les cieux. *Nonne oportuit pati Christum?*

Ses débuts laborieux, sa pauvreté, sa mortification n'avaient donné que joie à l'abbé Garicoïts. Il racontait parfois, avec une gaieté communicative, ses mésaventures, plaisantes à distance, mais les moins joyeuses du monde à l'heure où il en était le héros ou la victime. M. Garicoïts les envisageait comme autant de petits échecs.

Une première attaque de paralysie porta à son corps comme un coup de massue. En peu de jours l'abbé Garicoïts s'en releva. Il dura dix ans encore, bravant impunément le mal par son travail, par son entrain, par ses mortifications toujours continues, toujours aussi violentes. Tant que l'épreuve n'atteignit que le corps, il ne cessa de se réjouir. N'était-il pas le gai « massacre » de lui-même ? Mais son âme, à son tour, se laissa soupçonner comme atteinte, à la mélancolie secrète qui finit par apparaître à certaines heures, quoique sévèrement contenue et bien gardée. C'était un mélange de tendresse et de larmes, comme le sentiment d'un père qui surprendrait l'adolescent de ses rêves saisi d'un mal intérieur qui affaiblira sa vie et ne lui permettra qu'une survivance de peu d'années. Illusion, ou clairvoyance, qu'importe ? La souffrance était vive. Il s'y ajoutait peut-être le pressentiment d'une mort prochaine, prématurée vraiment, et, avec elle, celui d'une épreuve nouvelle pour sa communauté.

Ces anxiétés avaient-elles leur raison d'être ?

En 1840, l'Évêque diocésain avait donné aux missionnaires de M. Garicoïts une règle douce et sage, telle que l'état présent de la famille spirituelle la pouvait souhaiter et porter. Qui pouvait à cette heure prévoir la fortune rapide de cette fondation ? Un règlement suffisant à gouverner des vertus assises, chez des prêtres d'âge mûr, perd de son efficacité auprès de natures jeunes, qui ont plus d'ardeur que de vertu réelle, qui vivent de direction désirée plus que d'initiative personnelle. Appelé à former une jeunesse nombreuse et à la lancer dans la voie religieuse et apostolique, M. Garicoïts se vit contraint de prendre ailleurs ce qu'il n'avait pas chez lui. Il emprunta la règle de saint Ignace. Elle était dans la nature de son âme et de son tempérament. Il la fit pratiquer sérieusement, presque sévèrement, la lettre n'étant point adoucie par l'interprétation que lui donnent les traditions et l'usage, qui sont à une règle ce que le velours est au tissu. Mgr Lacroix, profondément pieux et sage, laissait faire et admirait, respectant les desseins secrets de la Providence, dans l'œuvre de l'homme de Dieu.

A la longue, néanmoins, un double esprit sembla sourdre de cette dualité constitutive. L'esprit de M. Olier n'est pas précisément l'esprit de saint Ignace; quoique éminemment évangéliques l'un et l'autre. En empruntant la discipline d'autrui, M. Garicoïts avait su garder son esprit à lui. Celui-ci, nous l'avons dit, imprimait à la « petite » communauté son caractère à part. Mais des admissions nombreuses, trop tôt suivies d'une dispersion imposée par le besoin des œuvres, durent faire craindre à M. Garicoïts des hésitations qui sont presque inséparables d'une préparation hâtive. S'il s'en produisit, elles furent rares et légères. Il s'en émouvait. Peut-on faire reproche à un père de ses craintes, même chimériques, à l'endroit d'enfants dont il a souci comme de la prunelle de ses yeux ? Notons en outre que des théologiens, des professeurs, tous par profession, juges autorisés en morale et en histoire, critiques quotidiens d'hommes et de choses, de constitutions et de pensées ; observateurs forcés des autres et d'eux-mêmes, ne sont pas sans réfléchir parfois à ce qui les intéresse le plus et fort personnellement : la direction dans laquelle on conduit leur existence. La soumission n'exclut pas la discussion, théorique tout au moins ; pas plus que le doute méthodique de Descartes n'exclut la foi religieuse en son auteur. Au reste, on usait peu de ce bénéfice des droits de la raison autour de M. Garicoïts. — « Il me semble, écrivait-il durant la période de formation, qu'il y a quelques bonnes dispositions dans tous, mais nous nous dégrossissons très péniblement. C'est si long, si difficile, et celui qui travaille à cette opération n'a ni savoir, ni capacité, c'est un *massacre*. Ce que je vous demande surtout, c'est de prier pour nous afin que l'esprit de Notre Seigneur Jésus-Christ soit l'âme de nos âmes, à jamais. »

Il avait raison ; la bonne volonté était grande chez tous. Le P. Guimon fut assurément un des moins douteux, lui le premier associé et un des plus vénérés. C'est lui néanmoins qui osa timidement, un jour, opposer un « non, non » discret aux affirmations du maître, dans une scène que le P. Bourdenne rapporte et qui n'eut pas la conclusion dramatique que le vénérable biographe lui donne. (1)

Cette interruption était toute une révélation. Le vieux et fervent missionnaire trouvait que lorsqu'on naît sulpicien à l'âge de trente ans, ce n'est pas pour mourir jésuite, à son insu. La réflexion paraissait péremptoire. La réplique foudroyante du P. Garicoïts endormit la maladie sans la guérir radicalement. Malgré celle-ci, le fondateur conduisait l'œuvre de Dieu avec une sagesse, une prudence, une tendresse et une fermeté des plus remarquables. Dix ans plus tard, néanmoins, il s'écrie :

« Combien qui se demandent sans cesse : que dirons-nous, que ferons-nous ? Jésus-Christ veut que nous *vivions et que nous mourions en paix*. Soyez sans inquiétude, nous dit-il, depuis sa venue, la paix est le partage des âmes de bonne volonté. Les anges ne l'ont-ils pas chanté sur le berceau de Bethléem ? Gloire à Dieu ; et paix aux hommes de bonne volonté ! Pour ceux-là le salut est assuré.

____

(1) A la fin de la conférence, M. Guimon sollicita son pardon à genoux. Ses voisins le relevèrent promptement et nul n'eut à lui passer sur le corps.

Malheureusement il règne parmi les hommes une maladie universelle, la *préoccupation de ce qui ne les regarde pas*. Voilà le triste apanage, comme le mal inhérent de l'humanité déchue. C'est une grande porte ouverte à l'ennemi ; par là, il cause dans les âmes les plus grands ravages, s'empare des esprits pour les faire à son image, et, souvent par les siens, il réussit à coucher à terre les hommes les plus forts. Que faire contre cette dangereuse tentation ? La mépriser ? C'est bien. — Contre certaines tentations la fuite positive est nécessaire. S'agit-il d'un danger pour la foi ou pour la pureté ? Il faut *positivement* prendre la fuite. L'indolence, l'immobilité, c'est la ruine. Ici, pareillement, quoiqu'il soit bon de mépriser ces vaines préoccupations, il est très avantageux d'y répondre par une parole positive : *Arrivera ce que le bon Dieu voudra.* Avec cela, on est dans l'ordre. Partout ailleurs, c'est le désordre : ou affirmations vaines, idées creuses, vice de rêveries inspirées par Satan ; c'est le point par où il s'introduit dans l'âme. Bientôt il change cette rêverie en manie ; dès lors, il a comme une chaîne pour entraîner dans l'enfer.

Elle était plus sage sainte Perpétue, à qui on disait dans la prison. « Si les douleurs de l'enfantement, effet de nature, vous sont si intolérables, comment souffrirez-vous les tourments exquis des hommes ? *Maintenant*, répondit la sainte, *c'est moi qui souffre, je subis la condition naturelle des mères ; demain, ce sera Jésus-Christ qui souffrira en moi et avec moi : dès lors, Jésus-Christ sera ma force.* »

Donc, pas de préoccupations, s'aider pour être aidé de Dieu, attendant de lui infiniment plus que de soi ; mais employant, avec soin, tous les moyens qui sont dans l'ordre de la Providence. Ainsi fait le Saint-Père ; quel calme, quelle paix au milieu de tous ces lions rugissants ! Il redouble de zèle pour ses devoirs journaliers, et puis, il attend en paix : *Arrivera ce que le bon Dieu voudra !* Oh ! si cette disposition était *reine,* si ce sentiment était *roi,* nous serions des *pacifiques,* heureux dès cette vie et répandant partout le bonheur. *Beati pacifici quoniam filii Dei vocabuntur.* Nous serions dans les bras de notre Père céleste comme de vrais enfants, faisant notre devoir, dans la mesure et de la manière qu'il veut. *Vous qui entassez sciences sur sciences,* ne voyez-vous donc pas la grande leçon écrite dans les entrailles même de l'histoire ? A savoir qu'il n'y a qu'une chose à faire : la volonté de Dieu en tout, partout, toujours, promptement, avec joie et que c'est là l'unique source de la paix et du bien. »

A certaines heures, il oubliait cette mesure de parole sous la préoccupation qui oppressait sa poitrine : « La volonté de Dieu, nous la dénaturons au gré d'une fausse conscience, nous la foulons aux pieds comme un linge souillé, *pannus menstrualus*. Mes amis, je vous le dis, parceque c'est le devoir du directeur de déraciner les mauvaises dispositions, offrez-vous à Dieu, sincèrement. Sinon, avec vos protestations, vos réserves, vos distinctions et toute votre théologie, vous serez des *perfides*... Oui, j'appelle *perfides* ces esprits mécontents qui se plaignent de tout, murmurent toujours, et n'aperçoivent pas la main de Dieu qui dirige les événements heureux et malheureux. Ce sont des contrebandiers, des sangliers descendus dans la plaine... Voilà l'image de ces esprits inquiets dont je parle ; ils mettent le désordre dans les communautés. On me dira : « Il y a de l'exagération. » — Non, non : c'est même au-dessous de la vérité, car le mal que je signale est incalculable : ces murmures, ces révoltes contre le bon plaisir de Dieu sont les péchés originels qui se transmettent dans une communauté, de même que la vertu des membres se communique à tous les corps et se transmet d'une génération à l'autre. »

Si cette éloquence un peu vive eût pu transformer en définitive une organisation qui n'était que provisoire ! Celle-ci ne devait avoir son heureuse solution que tard, trop tard après lui. Mais lui vivant, qui donc songeait à se plaindre ou à murmurer ?

On voit suffisamment par quels moyens délicats et élevés la Providence voulut parfaire l'immolation de cette grande et sainte âme. Elle devint comme le champ clos où les sentiments les plus respectables entrèrent en lutte. Sa modestie, la défiance de lui-même le portèrent à penser qu'il était impuissant à continuer l'œuvre qu'il avait fondée. D'autre part, le témoignage constant et unanime des siens, le zèle des âmes lui faisaient refouler cette tentation.

Après avoir obtenu pour sa communauté le droit d'élection, il se démit spontanément pour se soumettre à l'épreuve du scrutin. Il fut élu supérieur à vie, à l'unanimité des voix, sauf la sienne.

On l'avait vu pleurer à la lecture des démêlés de saint Alphonse de Liguori avec ses religieux. Ici, rien de pareil n'était à craindre assurément.

Il répétait volontiers : « Souvenez-vous, messieurs, que vous avez à vivre, non avec des anges, mais avec des hommes. » Sur la fin de ses ans, à voir la sensibilité qu'il montrait à une espièglerie de jeune homme échappée à l'humeur de cet âge, on eût pu croire que lui-même l'oubliait. Il eut pour adage : « Cette entreprise est contrariée, donc Dieu la veut. » Et à la même époque, comme s'il eût douté de l'avenir de sa fondation, il tournait ses regards vers le temps tranquille de sa première enfance. Le joli site d'Ibarre et le bonheur agreste de ses champs revenaient dans sa parole parés de couleurs fraîches et gaies comme la plus séduisante des tentations : « Qu'on sente des tentations contraires, cela se conçoit, tout le monde en a. Je les ai bien senties, moi aussi. Plus d'une fois, je me suis représenté mon Ibarre, ce pays si pastoral, avec sa petite église si pauvre, si dénuée, mais si aimable : cette fontaine dont je vois encore les eaux ; ce vieux père qu'il me serait si doux de consoler, cette sœur que la Providence m'a conservée ! J'étais tenté de dire à Monseigneur : Choisissez un autre supérieur et laissez-moi partir. Il n'y aurait point eu de voiture à Ibarre, mais il n'en faut pas non plus. Quand j'aurais dû bêcher un peu la terre, je m'en serais senti la force. Mais surtout cette pauvre église si délaissée, j'aurais pu mendier pour l'orner ! Il y a là de quoi occuper utilement un homme.... Mais j'ai toujours pris ces peintures pour des tentations. Ah ! si je croyais que ce fût la volonté de Dieu, je quitterais tout et partirais sur l'heure. »

A tant d'années de distance, nous ne pouvons nous rappeler, sans en être encore ému, ces agonies morales de ce cœur plein de Dieu. Aux soirs de septembre, des sommets silencieux de nos chères collines natales, quand nous voyons le soleil, après sa course sur les Pyrénées, disparaître à regret dans l'Océan, les nuages allongés sur la courbe céleste, touchés par les derniers rayons de l'astre couchant, se colorent simultanément des tons les plus riches et les plus divers ; ils resplendissent comme autant de foyers lumineux. Telles nous apparaissent les dernières années de l'abbé Garicoïts. Elles ont la solennité, la splendeur, la lumière, la puissance d'émotion de ce phénomène grandiose de la nature. A nous les rappeler, notre âme s'attendrit et leur donne ces regrets profonds et prolongés qui se prodiguent à ce qu'on ne reverra plus jamais.

Nous voulions résumer en quelques traits cette brillante et fructueuse carrière de prêtre. Pouvons-nous garder l'espoir d'avoir réussi dans notre dessein ? Nous avons dit si peu alors qu'il y avait tant à dire ! En terminant, sauvons de l'oubli un trait dans lequel se dépeint et se résume tout entier le saint supérieur de Bétharram.

Cinq mois avant sa mort, un soir, vers la fin de décembre, il se trouvait à Pau, conduisant à l'ordination de la Noël, à Bayonne, une vingtaine de jeunes clercs. Il était nuit, il faisait froid, la neige éclairait la place. La petite troupe attendait, dans le bureau étroit et mouillé de la diligence, l'heure du départ de la voiture. Tout à coup, huit heures sonnent : « A genoux, Messieurs, la prière, » s'écria M. Garicoïts. A son exemple, tous tombent à genoux, sans réflexion, sans mot dire. Après qu'on eut prié assez longtemps, à haute voix, chacun se releva plein de respect pour ce coup de calcul ou de simplicité du saint supérieur. Les facteurs, les employés du bureau ne parurent pas même portés à se plaindre de voir transformé en oratoire un lieu très étonné, lui, de cette destination improvisée.

Trois mois après, durant le Carême et les premiers jours de printemps de 1863, la santé du P. Garicoïts déclinait visiblement et rapidement. Des crises violentes de toux et d'horribles crampes d'estomac déchiraient sa poitrine. Une fois, deux fois, il faillit subitement étouffer. Il échappait par son énergie aux étreintes de la mort ; il se relevait pour courir où le réclamait son zèle du devoir et de la volonté de Dieu. Or, l'Évêque de Bayonne, en tournée pastorale dans les plaines de Nay, entre Pau et Bétharram, avait choisi le lendemain de l'Ascension, vendredi 15 mai pour confirmer, à Notre-Dame de Bétharram, les enfants du collège de ce lieu et ceux des communes voisines.

Dans le Midi, ces cérémonies sont de grandes fêtes. L'arrivée de l'Évêque est une joie qui donne lieu à de grandes démonstrations extérieures de foi et de piété. A Bétharram, on se préparait de son mieux, comme il convenait.

Le mercredi, veille de l'Ascension, l'abbé Garicoïts, pâle, amaigri, défait par le mal, se rendit dans un bourg, à dix kilomètres de Bétharram, pour aller offrir ses hommages au vénéré Mgr Lacroix. Un grand nombre de prêtres entourait le prélat. A genoux, aux pieds de Sa Grandeur, les mains jointes, l'abbé Garicoïts suppliait son Évêque de vouloir le bénir. L'Évêque hésitait ; il était ému, saisi de respect. Il le bénit enfin, sur les instances du pieux suppliant ; mais à la condition que celui-ci allait ménager sa santé, cette santé dont il était le bourreau. L'abbé Garicoïts *s'excusa de n'avoir encore rien fait pour la gloire de Dieu ;* il promit tout, puis il s'éloigna pour rentrer à Bétharram.

L'établissement d'Igon, cette consolation de sa vie, était sur son chemin. A la veille de la grande fête, il bénit toute la communauté des Sœurs de Saint-André, heureuse de le revoir. Jusque-là, il ne l'avait jamais bénie avec cette solennité.

Revenu dans sa communauté à lui, il prit le repas et la récréation du soir avec ses prêtres, et, après avoir donné ses derniers ordres pour la réception prochaine de l'Évêque, il se retira pour prendre un peu de repos. Ce repos, une crise de toux violente vient l'interrompre au premier matin. On accourt ; il étouffe. L'extrême-onction reçue, le calme revient. Le malade lève les yeux au ciel : « Ah ! soupire-t-il vivement, c'est fini ! *Miserere mei, Deus, secundum magnam misericordiam tuam.* » C'était fini, en effet. A ces mots, il rendit l'âme. Il était trois heures. L'heure ordinaire du lever pour le travail devint ainsi l'heure de l'appel à la récompense. L'abbé Garicoïts avait soixante-cinq ans.

Tel fut pour lui ce grand moment, attente redoutée de toute vie humaine. Ce n'est pas sans émotion qu'on entend le vaillant serviteur de Dieu, après une si sainte vie, invoquer dans un appel suprême la miséricorde divine ! Qui mieux que lui avait des droits à cette souveraine pitié ? Nous n'avons qu'à le citer lui-même, lorsque, en février 1861, il consolait l'agonie de l'un des siens, un des plus brillants et des meilleurs (1), par ces mots : « Courage et confiance ; vous avez largement pratiqué l'indulgence et la bonté : *Beati misericordes, quoniam ipsi misericordiam consequentur !* »

Donc, quel beau jour pour monter au ciel que le matin de l'Ascension ! Chacun voulut voir dans cette coïncidence comme un calcul amical de la Providence et un céleste panégyrique. Les fêtes par lui préparées servirent à son triomphe mortel. Les populations, l'enfance qu'il avait tant aimée, parée des couleurs blanches de l'innocence, défi-

(1) L'abbé Honoré Serres, directeur du collège d'Orthez, prématurément enlevé à trente-quatre ans.

lèrent en longues lignes, autour de ses restes vénérés, répandant fleurs, champs, éloges et prières. La surprise de cette mort, la vénération et l'admiration mettaient l'éloquence sur toutes les lèvres. L'éloge solennel de l'Évêque ne fit que résumer l'impression générale. Cet éloge, à vingt ans de distance, lequel, de ceux qui l'ont connu, ne sent le besoin de le recommencer ?

Le P. Sempé, le supérieur vénéré des missionnaires de Notre-Dame de Lourdes, a écrit : « J'aime à redire souvent mon espérance que le P. Garicoïts sera un jour canonisé, et je l'invoque dans mon cœur comme un saint puissant auprès de Dieu. » Toutes les personnes qui ont connu M. Garicoïts partagent ce sentiment et cette espérance. Puisse le souverain Pontife répéter un jour à sa louange les paroles par lesquelles le Pape Léon XIII rappelait au collège des cardinaux les vertus dont le bienheureux chanoine de Rossi avait édifié le clergé et les fidèles de la Ville éternelle ! Ce que M. de Rossi fut à Rome, M. Garicoïts le parut être parmi nous.

Au reste, à la réputation de sainteté de toute sa vie, à la vénération publique qui éclata comme une manifestation de toutes les classes de la société sur ses restes mortels, viennent s'ajouter des résultats merveilleux, dûs, à ce qu'il semble, à son intervention près de Dieu. Son biographe publie

le procès-verbal authentique de dix guérisons sur-
prenantes qui lui sont attribuées. Madeleine Puts
réside à Igon ; une dominicaine, du nom de Marie-
Agnès de Jésus, à Mauléon ; Jeanne Gage, à Co-
lomiers, près Toulouse ; Zénobie Marc, à Saint-
Laurent-de-Neste (Hautes-Pyrénées) ; Marie Solina,
à Lestelle ; Lucien Lagau, à Coarraze ; Charles
Lahore, à Gardères (Hautes-Pyrénées) ; Justine
Charré, à Béthines (Vienne) ; Lucie Poque, à
Coarraze ; Marie Mirassou, à Monein (Basses-
Pyrénées).

L'œuvre de son âme, sa communauté, devait
avoir une part de choix dans son intérêt près de
Dieu. Dix ans après la mort de son fondateur,
elle trouvait, dans la règle de saint Augustin,
appropriée à nos temps, son assiette définitive
et sa marche régulière. Elle est aujourd'hui établie à Pau, à Orthez, à Oloron, à Bayonne, à
Buenos-Ayres, à Montévidéo, à Bethléem de Juda.

Admirable dans ses Saints durant leur vie,
Dieu veut l'être encore après leur mort, *mira-
bilis Deus in Sanctis suis*. C'est où éclate sa
miséricorde, sa miséricorde pour les survivants.
Il les fait passer parmi nous comme les témoins
visibles et irrécusables qui attestent que l'Evangile
est toujours vivant et Jésus toujours vivant dans
l'Evangile : *Scio quod Redemptor meus vivit*.

APPENDICE

LA MANIÈRE DE SE CONDUIRE ENVERS LES INFÉRIEURS

LIZEZ, MÉDITEZ ET PRATIQUEZ

1. — Dieu vous a chargée de vos Sœurs, et vous lui avez promis de veiller sur elles, de les gouverner comme devant en rendre compte.

2. — Vos Sœurs sont des personnes de bonne volonté ; vous pouvez espérer de travailler avec succès, si vous faites bien votre devoir.

3. — Vos sœurs sont membres d'un corps ; vous devez donc tâcher de les animer par l'esprit de ce corps. Puisez vous-même l'esprit et la vie de votre Congrégation dans la pratique d'une parfaite obéissance. Obéissez même en commandant.

4. — Vos Sœurs sont les enfants bien-aimées de Dieu. Avec quel respect, quel amour, quel désir de leur perfection ne devez-vous pas les traiter, les conduire !....

5. — Dieu a sur elles des desseins particuliers ; vous ne devez donc pas mesurer leur perfection

avec un esprit de pusillanimité qui vient de la prudence humaine.

Courage donc et confiance en Dieu.

6. — Le Seigneur les destine à travailler à son service, non pas en esclaves, mais volontairement et *par amour*. Commencez donc par gagner leur cœur et leur volonté. Faites qu'elles sachent bien que vous les aimez, que vous avez pour elles, à la fois, les sentiments d'un père, d'une mère, d'une nourrice, d'un médecin ; que vous êtes tout entière à chacune d'elles, à l'exemple de Notre-Seigneur Jésus-Christ. Aimez-les donc sans bornes et parce que Dieu les aime, et parce qu'elles sont capables de l'aimer ; et agissez toujours avec douceur.

Saint Vincent de Paul dit qu'il ne se servit jamais en sa vie, que trois fois, de paroles rudes pour reprendre, et qu'il s'en était toujours repenti depuis, parce que cela lui avait fort mal réussi, et qu'il avait toujours obtenu par la douceur ce qu'il désirait.... Ainsi, de la *douceur* et de la *cordialité!* même envers les personnes les plus opiniâtres.... Les forçats eux-mêmes ne se gagnent pas autrement. Agissez toujours avec douceur ; aimez à placer à propos de petits mots d'encouragement, d'amitié, de bienveillance et même quelquefois d'éloge ; et qu'on voie que tout cela part de l'abondance de votre cœur. Alors vous pourrez, au besoin, couper et brûler, et, par là même, augmenter l'affection de vos Sœurs loin de la diminuer ; elles recourront à vous dans toutes leurs peines, comme l'enfant à sa mère pour tirer l'épine qui l'a piqué. Une conduite opposée fermerait la porte à tout le monde. N'épargnez donc rien pour inspirer à vos sœurs cette confiance entière, paroles douces, procédés aimables ; tout cela, loin d'affaiblir la régularité, servira merveilleusement à la faire observer parfaitement.

Par amour....

Par cette conduite, vous irez à votre but fortement, et par des voies pleines de suavité et de douceur, vous gagnerez les cœurs et la volonté des sœurs. Vous les gouvernerez avec grande satisfaction. Observez seulement que pour y réussir, vous devez vous dépouiller de toute attache particulière à telle ou telle sœur...., à votre volonté..., à vos idées...., à quelque créature que ce soit, et vous revêtir de l'esprit propre de votre Congrégation. Un Dieu descendu de son trône.... fait homme ! fait homme mortel, rassasié d'opprobres pour gagner les cœurs !! Voilà votre modèle....

Un Dieu abaissé pour nous élever !.... Il nous a tant aimés le premier ! Notre Roi a tant souffert pour faire la conquête de nos cœurs ! Efforcez-vous, à son exemple, de gagner l'amour de vos Sœurs.

7. — Il appartient à Dieu, qui vous a chargée de vos Sœurs, de les former à l'œuvre à laquelle il les appelle : ne comptez donc ni sur votre sagesse, ni sur vos efforts, ni sur rien de créé ; ayez une confiance sans bornes en Dieu.... Soyez donc une personne d'oraison, unie à Dieu par l'oraison et par la sainte Communion.

8. — Faites tous vos efforts pour que vos Sœurs deviennent aussi des filles d'oraison pour le même motif. C'est en traitant avec Dieu, dans l'oraison, qu'on apprend à s'exciter à son amour, qu'on dispose son cœur à recevoir les faveurs du Ciel, et qu'on parvient à connaître la manière de traiter avec le prochain ; sans cela, on ne sait pas dire un mot d'édification, on n'a point de zèle. Pratiquez donc et faites pratiquer l'oraison.

9. — Votre règle, interprétée et appliquée par vos supérieurs, est le moyen dont Dieu veut que vous vous serviez pour parvenir à votre fin. Estimez-la donc comme l'expression de la *très sainte volonté de Dieu*. Observez-en les points avec fidélité, ponctualité, zèle, ferveur et joie. Les Sœurs qui vous sont confiées vous imiteront, et je ne doute pas que Dieu ne répande les bénédictions les plus abondantes sur vous, sur vos travaux, sur votre Congrégation.

Je finis ce sujet si important en vous citant les

paroles que saint Paul adressait aux Philippiens :
« Si donc il y a quelque consolation en Jésus-
» Christ, s'il y a quelque douceur et quelque sou-
» lagement dans la charité, s'il y a quelque union
» dans la participation d'un même esprit, s'il y a
« quelque tendresse et quelque compassion parmi
» nous, rendez ma joie parfaite, vous tenant tous
» unis ensemble, n'ayant tous qu'un même amour,
» une même âme et les mêmes sentiments ; en
» sorte que vous ne fassiez rien par un esprit de
» contention ou de vaine gloire ; mais que cha-
» cun, par humilité, croie les autres au-dessus de
» soi ; que chacun ait égard, non à ses propres
» intérêts, mais à ceux des autres. Soyez dans
» la même disposition et dans les mêmes senti-
» ments où a été Jésus-Christ qui, ayant la forme
» et la nature de Dieu, n'a pas cru que ce fût
» pour lui une usurpation d'être égal à Dieu ;
» mais il s'est anéanti lui-même, en prenant la
» forme et la nature de serviteur, en se rendant
» semblable aux hommes ! »

L'ÉTUDE

DE LA VOCATION SACERDOTALE

(Réponses à un supérieur de Séminaire.)

1º D. Faut-il regarder comme appelé de Dieu à l'état ecclésiastique un jeune homme qui, animé de sentiments droits et honnêtes, menant une conduite régulière, vit en bon chrétien, évitant les fautes graves, mais qui, toutefois, n'a pas un vif sentiment de sa misère et de son indignité, ne se porte pas avec ardeur aux œuvres de zèle, n'est pas soigneux pour éviter les petites fautes, etc.

R. Non pas encore : on ne voit pas en lui des preuves positives, suffisantes de vocation.

2º D. Faut-il que le Directeur prenne l'initiative pour l'interroger ?

R. Ordinairement non. Le Directeur doit se borner d'abord à l'exercer à bien remplir ses devoirs actuels, à s'affranchir de toute affection désordonnée, à se disposer en général à la plus parfaite imitation de Jésus-Christ, et attendre, régulièrement parlant, le désir et la demande de l'examen de sa vocation.

Si déjà, de lui-même, le sujet se portait vers l'état ecclésiastique, il faudrait lui proposer cet examen pourvu que, d'ailleurs, il fût suffisamment affranchi de toute affection désordonnée et disposé à l'imitation de Jésus-Christ.

3º D. S'il répondait qu'il a depuis longtemps le désir de devenir prêtre, qu'il veut la gloire de Dieu et le salut des âmes, que faire ?

R. En partant de là, l'exhorter 1º à redoubler de zèle pour bien remplir ses devoirs actuels ; 2º à s'affranchir véritablement de toute affection désordonnée ; 3º à se disposer à la plus parfaite imitation de Jésus-Christ ; 4º l'aider à examiner et à vérifier sa vocation ; 5º enfin, s'il persiste, l'autoriser à prendre la soutane.

4º D. Sur quelles vérités morales insister auprès du futur séminariste ?

R. Sur ce que j'ai dit plus haut et qui revient à faire *ce que Dieu veut et comme Dieu le veut.*

Ce que Dieu veut, il le connaît dans les devoirs actuels d'élève.

Comment Dieu veut qu'il remplisse ses devoirs?

1º *Ordinate.* — Selon les règlements de la maison et son règlement particulier ; 2º *Diligenter,* c'est-à-dire avec le soin et l'application que demandent la volonté et la présence de Dieu. *Cum diligentiâ cuncta facite* (2 Paral. 19. 7.) 3° *Et devote*, avec intention pure et de fréquents désirs d'imiter N.-S. J.-C. en tout ce qu'il fait. Pour tout cela, il faut qu'il sache se vaincre, pratiquer l'abnégation et qu'il comprenne la nécessité, pour tout chrétien, à plus forte raison pour un prêtre, d'imiter Notre-Seigneur Jésus-Christ.

L'ABBÉ CESTAC

L'ABBÉ CESTAC

« Souffrir et offrir ! Bien faire et se taire ! »

CESTAC.

A la suite de son pieux biographe, à l'aide de souvenirs personnels toujours vivants, toujours présents, malgré la distance des ans, nous avons essayé de reprendre au passé la personnalité de l'abbé Garicoïts ; d'intéresser l'histoire à l'éclat de sa grande vertu ; de conserver à l'Eglise tout entière la gloire qui lui revient de la vie et des œuvres de l'un de ses meilleurs serviteurs. Un ancien nous affirme que chez ses pères « de même qu'on était porté à accomplir des choses dignes de mémoire, on l'était aussi à les rendre célèbres, sans autre ambition que de satisfaire dans sa conscience le goût du bien. » Pouvons-nous oublier que dans le catholicisme ce noble sentiment est un devoir ? A nous justifier donc de célébrer cette mémoire, s'il était besoin, ceci suffirait. Mais, à ce plaisir si doux de la conscience, une autre satisfaction venait s'ajouter. Que de fois la main de l'abbé Garicoïts s'était posée sur notre tête ! Que de fois son âme rayonnante de foi surnaturelle avait révélé à notre âme des horizons d'idéal évangélique qui lui étaient familiers, qu'il proposait à nos ambitions sacerdotales : heures lointaines dont le seul souvenir nous est une impulsion, décisive encore, un soutien, une force contre les amères désillusions. Notre nom se trouve le dernier inscrit dans la liste des prêtres très longue que « ce saint » présenta à l'ordination sacrée. En acquittant notre dette de reconnaissance par le témoignage sincère et indépendant que nous lui avons rendu, nous avons acquitté peut-être une autre dette avec la nôtre. N'aurons-nous pas été l'humble secrétaire et le fidèle écho de tant d'âmes de prêtres qui, de cette terre ou de par delà la tombe, envoient l'hommage de leur gratitude et de leur admiration à leur père spirituel, l'éminent serviteur de Dieu ?

Ce premier essai nous a porté vers la mémoire doucement radieuse de l'abbé Cestac. De celui-ci aussi l'on peut dire avec le grand poëte chrétien : « C'est une source d'où jaillissent des ruisseaux divers qui vont arroser le jardin de l'Eglise et donner ainsi à ses arbustes une sève plus abondante. » Garicoïts et Cestac, quels hommes de foi !

La foi, ce fut le principe et le mobile de leur vie ; la cendre cachée d'où partit et se dilata cette flamme de plus en plus ardente qui scintille dans leur être comme l'étoile dans le ciel.

> Quest è'l principio, questa è la favilla
> Che si dilata in fiamma poi vivace,
> E come stella in cielo in me scintilla (1).

La foi, ce lien souverain des âmes, fut aussi la base de l'amitié qui les lia. Chacun, de son côté, admirait Dieu dans l'œuvre de son serviteur, et l'abandon ardent du serviteur dans l'œuvre de Dieu. Ils s'aimaient parce qu'ils se comprenaient mutuellement et s'appréciaient : n'usant, au surplus, séparés qu'ils étaient par la distance et le labeur, de cet état réciproque que pour se tenir l'un à l'autre l'âme toujours ouverte. Admirable dans ses Saints, comme Dieu est divers dans les merveilles que sa grâce leur fait produire ! A l'instar de saint Paul, l'épée à double tranchant à la main, l'abbé Garicoïts court à tous les combats en répétant : *ecce venio... ecce ancilla... Fiat, Fiat !...* Il y a singulièrement du saint Ignace dans l'abbé Garicoïts ; ils sont de même race, au reste, tous deux ; en chacun, c'est un épanouissement complet de la nature basque, ardente, rude et militante. Ame plus paisible et plus douce,

____

(1) Dante. Paradiso. c. **XXIV**.

piété souriante, épanouie, humaine dans son élévation surnaturelle, l'abbé Cestac rencontre la
victoire en invoquant le seul nom de sa « *divine
Mère et Maîtresse.* » La Mère de Dieu ne s'appelle
jamais autrement sur ses lèvres. Il ne va à Jésus
que par Marie. Ses filles spirituelles, les servantes
de Marie, ne font pas autrement que leur « bon
Père. » Celui-ci n'omet point d'ajouter à sa signature « prêtre, serviteur de Marie. » Nous ne pensons pas que depuis saint Bernard il se soit rencontré un serviteur plus fervent et plus zélé de la
Mère de Dieu. Dès l'enfance, avide d'harmonie,
Cestac tient supérieurement l'archet : la main
nerveuse de l'abbé Garicoïts, au contraire, se
plaît à serrer le *maquila*. L'un chante, les yeux
levés vers le ciel ; l'autre prie à genoux, la tête
inclinée vers la terre. Et néanmoins Dieu entendait
ces deux âmes s'élevant également vers lui dans
un rythme si différent. Après s'être assis, comme
disciples, sur les mêmes bancs, ils se retrouvèrent
maîtres dans le même séminaire où des talents
exceptionnels leur font rendre des services précoces.

Avec la piété, leur égale supériorité dans les
questions philosophiques les rapprocha, mais pour
les disperser bientôt et pour toujours. Ouvriers de
Dieu, fondateurs, ils se vénérèrent toujours, mais
ne se copiant, ne s'imitant même jamais. Astres jumeaux, ils parurent dans le ciel de l'église de Bayonne

rayonnants de clarté féconde dans leur orbite séparé. Quand ils disparurent, à peu de distance l'un de l'autre, leurs âmes héroïques portaient encore l'empreinte qui les avait distinguées au départ et qu'elles gardèrent durant toute leur carrière. L'une n'avait jamais absolument dépouillé son origine cantabrique ; l'autre, malgré son luth spontanément brisé et dès longtemps, avait conservé comme dans ses fibres sa symphonie musicale. Ce n'est que dans leurs continuateurs que ces hommes se sont prêté un concours réel, entrevu plutôt qu'essayé sur leurs derniers jours. Leur œuvre était alors définitivement constituée avec sa règle et son esprit propre.

Nous avons connu l'abbé Cestac, mais nous n'avons pas vécu à ses côtés. Aussi, aurions-nous hésité à l'étudier si nous n'avions eu pour guide l'ouvrage si sûr et si complet de l'abbé Puyol. Le docte et sympathique professeur de Sorbonne s'est plu à dépouiller toutes les archives ouvertes à sa main pour établir, sur des bases d'une solidité incontestable, l'histoire définitive de l'abbé Cestac.

I.

ENFANCE — ÉDUCATION — PROFESSORAT

Louis-Edouard Cestac naquit à Bayonne le 6 janvier 1801, de père bigourdan et de mère espagnole. Six ans auparavant, Ravignan aussi naissait à Bayonne ; — Garicoïts à peu de distance. Leur jeune poitrine se dilata à l'air vivifiant de la montagne coupé de brise de mer sous le soleil chaud du golfe. C'est ce même air qu'avaient aspiré Vincent de Paul, François Xavier, Ignace de Loyola. Sur ces rivages si favorisés du ciel, passe-t-il des courants d'esprit apostolique comme jadis sur les bords de la mer de Génézareth ; et les âmes ne s'impressionnent-elles pas des parfums dont s'empreint le corps ?

Aux bouches de l'Adour, sur la rive droite, se trouve un village de pêcheurs, le Boucau ; dans ce village, un couvent en ruines de Religieuses Bernardines ; sur ces ruines, une chapelle dédiée à saint Bernard où les femmes du lieu et les Bayonnaises, en souvenir du passé, aimaient à invoquer ce grand Saint. Le petit Edouard venait mal, chétif, maladif, né pour mourir. De désespoir, la foi espagnole de sa mère l'alla offrir, âgé de trois ans, à saint Bernard du Boucau, pour que ce saint le fasse vivre. L'enfant vécut, guérit et prospéra. Comme pour faire douter dans le ciel le grand saint Bernard de sa bonne action, Edouard Cestac écrivait plus tard : « Lorsque je fus en âge d'apprécier les choses, je dis à saint Bernard avec simplicité et confiance que m'ayant obtenu de vivre, lorsque, si j'étais mort, j'aurais été assurément au ciel, je le suppliais de veiller sur moi et de faire en sorte qu'il n'eût pas un jour à se repentir de m'avoir rattaché à la vie. » Dans la pensée de Cestac, si sa mère l'avait confié à saint Bernard, saint Bernard l'avait confié à Celle dont il avait été le si ardent serviteur. Telle fut l'origine de sa singulière dévotion à la divine Marie.

Fils de chirurgien militaire retiré dans le civil, Edouard devait étudier. Il étudia beaucoup, de tout et très bien : belles-lettres, mathématiques, dessin, musique. Ce n'était pas sans mérite, vu les temps et le lieu. Il montra les talents les plus variés, tous les talents. Virtuose précoce, il montait volontiers sur l'estrade dans les réunions artistiques où son maître de violon aimait à le produire ; il y tenait sa partie avec une réelle maëstria. Le voici aux portes de la rhétorique, c'est-à-dire au moment si grave où il faut se déterminer pour une carrière. Cestac père qui avait été marin et l'était plus ou moins resté de ton, de forme et d'humeur, interroge ainsi son fils : « Veux-tu te faire médecin..., avocat..., artiste ? » A quoi le fils de répondre : « non..., non..., non. » — « Mais alors tu veux te faire prêtre ?... » — « Oui, mon père. » — Surprise, désolation dans la famille ; déception du maître de violon qui affirmait plus tard que, s'il eût continué, Cestac aurait disputé à son compatriote Allard l'honneur d'être le premier violoniste de l'école française.

Edouard entra au petit séminaire d'Aire. Aire était l'unique ville enseignante de l'époque dans le pays. Tout ce qu'il y a eu de vertus éminentes durant la première moitié de ce siècle dans les diocèses de Bayonne, de Tarbes et d'Aire, s'est formé là. Edouard arrivait à la bonne heure : c'était le plein âge d'or de ces lieux. La philosophie et la piété s'y enseignaient avec cet élan, avec cette passion, si l'on veut, qui caractérise cette époque de renaissance française : on pouvait dire que chez les élèves, eux aussi, le talent était commun tant il abondait. Edouard Cestac se montra des meilleurs parmi les meilleurs. Sa ferveur a des accents prématurés. A son père qui vient de lui annoncer son retour à la pratique religieuse, il répond : « Que la nouvelle dont vous m'entretenez a été douce et consolante pour moi !... Je n'ai cessé de prier pour vous. La grâce que je demandais avec le plus d'instance c'était que le Seigneur daignât nous faire tous revenir à lui. Rien, non, rien ne pouvait m'être plus agréable. Tous les trésors de la terre ne valent pas cette nouvelle. »

Le vieux marin sembla comprendre que son fils de dix-huit ans était déjà quelqu'un ; que sa rude autorité à lui devait s'humaniser ; que sa sévérité devait se faire paternelle. En conséquence, il écrit à son fils pour lui proposer un « traité de paix définitive. » Celui-ci a vingt ans. Il est bien vrai que, dans l'enfance, la crainte fixe l'amour, le premier de ces sentiments contenant quelque chose d'austère qui empêche l'autre de s'évaporer. Mais cette manière nous paraît prodigieusement excessive à l'endroit d'une nature aussi choisie et aussi docile que celle d'Edouard. « Je n'ai pas lu sans un grand attendrissement, répondit-il, tout ce que vous me dites du traité de paix définitive que vous voulez conclure avec moi. Ah ! mon cher père ! c'est bien au contraire à moi à vous demander pardon à deux genoux et les larmes aux yeux de tout ce que je vous ai fait souffrir par ma désobéissance et par ma méchanceté. Certainement je n'ai pas eu tout ce que j'ai mérité et je reconnais que c'est l'attachement que vous aviez pour moi qui vous a fait agir. » Ce succès de sévérité paternelle désarme la critique. Tempérée, combien cette méthode est préférable à ces éducations mal comprises que nous connaissons ; où les pères, ayant tenu à avoir leur fils pour ami, n'ont abouti qu'à produire en lui un camarade, lequel finalement, ergoteur inépuisable, paraît n'avoir jamais appris qu'il est raisonnable qu'il obéisse et déraisonnable qu'il conteste. La manière de M. Cestac père dut être la même, à peu de chose près, envers ses filles, envers Elise dont il sera parlé plus bas. Peut-être faut-il·attribuer à ce genre d'éducation cette puissance d'âme étonnante qui caractérisa le frère et la sœur. Il aurait donc absolument raison, le moraliste qui a écrit : « La crainte trempe les âmes comme le froid trempe le fer. Tout enfant qui n'aura pas éprouvé de grandes craintes n'aura pas de grandes vertus ; les puissances de l'âme n'auront pas été remuées. »

En tout temps et à bon droit, le séminaire de Saint-Sulpice a été considéré comme un foyer incomparable de lumière et de vertu sacerdotales. Le diocèse de Bayonne y envoyait, chaque année, son élève le plus distingué et le plus méritant de philosophie. Edouard Cestac fut choisi. M. Boyer, M. Garnier, M. Carrière enseignaient alors.... Dans ce milieu, quelle ampleur l'abbé Cestac trouva pour sa piété ! Il eut une occasion de manifester la rectitude avec laquelle il envisageait la mission du prêtre dans le monde. Pour obéir à son père, il alla, un jour, faire visite à la comtesse de Montesquiou-Fezenzac, dans son hôtel de la rue d'Anjou (1). Cette grande dame était la protectrice née de son village et la bienfaitrice des Cestac ; de plus, à ce moment le bruit courait que l'abbé de Montesquiou allait être nommé grand aumônier et cardinal. La comtesse offrit au séminariste sa protection *surtout pour l'avenir*. Désolé du bonheur qui le menace, le pauvre abbé soupçonne des démarches secrètes de la part de son père ; il s'en alarme, et écrit aux siens : « Je désirerais vous voir détachés de ces idées d'ambition et de grandeur qui ne font que nous éloigner de Dieu, nous rendre malheureux dans le monde, sans nous donner que des inquiétudes pour l'autre. La pensée du néant des grandeurs humaines m'attache mieux à mes devoirs ; je les remplis, non pour m'élever et m'avancer, mais pour plaire à Dieu auquel je me donne sans réserve. » Edouard eut le regret de ne pouvoir longtemps vivre à Paris. « Ce fut pour moi, écrit-il, un temps de grandes épreuves et de grâces signalées ; ma santé se délabra à tel point que les médecins n'eurent d'autre ressource que de me renvoyer respirer l'air natal. Après quelques jours de repos, je fus envoyé au séminaire de Larressorre. »

L'abbé Claverie venait de relever cette maison.

(1) Aujourd'hui détruit par le percement du boulevard Haussmann.

Cestac y retrouva la plupart de ses condisciples d'Aire, ces hommes d'élite qui formaient, il y a vingt ans, comme le corps des nobles pairs du diocèse de Bayonne : Garicoïts ; Boutoey, esprit fin et sympathique ; Haramboure, orateur éloquent quoique solennel ; Duvoisin, déjà érudit élégant ; Dassance, critique sagace et écrivain de goût ; Saint-Guily, tempérant pour l'austérité sa causticité naturelle ; Hiraboure, le Fénelon du groupe ; les deux Harriet ; Franchistéguy, dernier survivant d'une pléiade illustre qu'il résume par ses vertus, et en qui le nouveau clergé résume ses sentiments de vénération pour ses aînés dans le sacerdoce diocésain. Apte à tout, l'abbé Cestac fut à Larressore professeur de tout un peu : de mathématiques, de musique, aumônier-directeur de la Confrérie des Saints-Anges, économe, par dessus tout professeur de philosophie. « A Larressore, a-t-il dit, la Providence daigna me ménager des croix. Or, celui qui refuse les croix, refuse le ciel. » Cestac avait raison. Les croix, semées sur tout chemin, sont le secret de la miséricorde divine pour donner de la virilité à l'âme humaine et pour rendre plus personnelle la conquête du paradis. Savoir les accepter et les porter en chrétien est le devoir le plus utile et le plus fécond de l'existence.

L'épreuve la plus considérable sans contredit fut celle qui frappa l'abbé Cestac dans ce qui résumait

le mieux sa puissance humaine, nous voulons dire
ses idées philosophiques. Il reste des parties con-
sidérables des théories de l'abbé Cestac et de son
enseignement. « Nous les avons étudiées conscien-
cieusement, écrit son biographe, le savant professeur de dogme de Sorbonne, nous sommes
convaincu qu'il devait se trouver alors peu de
philosophes, dans l'Eglise de France, capables
d'une telle puissance de travail. d'une telle faculté
de généralisation, d'une telle originalité de pensées. Dans une centaine de pages, il résume pour
un évêque l'ensemble de ses doctrines. On a là
une construction d'une logique et d'une hardiesse
singulières. Nous osons le dire : Mgr Gerbet, le
plus renommé des généralisateurs de l'école me-
naisienne, ne dépasse pas cette puissance. Nous
venons de comparer son plan de philosophie pro-
fessé à Juilly, en 1829, au plan suivi, la même
année, par le modeste professeur de Larressore.
La mémoire de l'illustre évêque nous inspire du
respect ; sa réputation s'impose à nous. Toutefois,
la critique conservant toujours ses droits, pour
notre part nous préférons l'essai philosophique de
Larressore à celui de Juilly. » Notre docte ami
continue en donnant les motifs de cette préférence.
Cestac était de vingt ans en avance sur son époque. Il avait subi l'influence de Bonald et de
Lamennais, mais il enseignait les doctrines expo-

sées plus tard par les traditionalistes, Ventura, Bautain, Bonnetty. Avec ses éminents confrères dans le professorat, il avait partagé les illusions du journal l'*Avenir*. Dès sa condamnation, il en abandonna sincèrement les idées. « Je ne vous fais pas ma profession de foi, écrivait-il à un prêtre de ses amis, elle serait inutile. Ma foi c'est mon être ; et, comptant les opinions humaines pour ce qu'elles valent, je les mets à une distance infinie d'une simple parole du Vicaire de Jésus-Christ. »

L'on se souvient de la dispersion que cet événement produisit dans l'école de Lamennais. Après avoir replié ses ailes, chacun de ces esprits éminents choisit une nouvelle voie ; chacun reprit son essor au soleil de la vérité, qui seule reste indéfectible. On sait avec quel éclat. — Cestac, lui aussi, rompit avec son passé. Il livra aux flammes grand nombre de volumes de propagande où l'erreur condamnée était enseignée ; il fit un semblable autodafé d'une bonne part de ses manuscrits. Plus encore, il renonça à la philosophie à laquelle il jeta un éternel adieu en répétant avec l'*Imitation de Jésus-Christ :* « Que nous importent les genres et les espèces ? » L'on pense bien que toutes ces immolations ne se firent pas sans des émotions douloureuses de l'âme. Quelle humilité et quelle énergie dans la foi ne faut-il pas pour procéder de gaieté de cœur à de tels renoncements, pour

opérer en soi une telle conversion de l'esprit ?...
Désormais donc, déserteur de l'idéal ou de la
recherche de la vérité spéculative, il n'aspire plus
qu'à se plonger dans le ministère sacerdotal, à
bénir, à pardonner, à consoler, à sauver les
âmes, celles des pauvres et des abandonnés, de
préférence.

II.

L'ŒUVRE DES ORPHELINES — DES PÉNITENTES
L'INSTITUT DES SERVANTES DE MARIE

L'abbé Cestac avait été ordonné prêtre le 17 décembre 1825 par Mgr d'Astros, évêque de Bayonne. Au sentiment de gratitude naturel envers le bienfaiteur, le jeune prêtre et ses amis de Larressore joignaient envers le prélat un besoin d'admiration que commandaient et son vaillant passé comme Vicaire capitulaire de Paris et l'élévation de son caractère éminemment épiscopal, durant son passage sur le siège de Bayonne. Archevêque de Toulouse, il restait comme le phare de ces jeunes intelligences. La condamnation de Lamennais donnant raison aux arguments que le grand archevêque avait ardemment invoqués contre l'écrivain de génie, les sympathies menaisiennes étaient bien radicalement éteintes à Larressore. Le successeur de Mgr d'Astros, à Bayonne, était un prélat pieux, jusqu'au scrupule. Il traita le corps enseignant de son petit séminaire comme il eût fait d'un foyer de typhus ; il le dispersa aux quatre vents de peur de contagion. Le professeur de philosophie fut nommé vicaire à la cathédrale. La disgrâce, s'il fallait voir là quelque chose de tel, se transforma bientôt en une combinaison bien évidente des desseins secrets de la Providence. La disgrâce, au reste, lui importait peu : l'épreuve capitale était celle qui avait frappé le domaine de la pensée. Qu'était le reste auprès de cela ? N'avait-il pas pour soutenir son âme les forces de la foi ; le voisinage pieux et consolant des siens ; un champ vaste ouvert à son activité ? Au surplus, si elle ne se laisse point décourager, l'âme sort plus puissante de l'épreuve. L'épreuve l'éclaire sur les passions humaines, elle la familiarise avec la faiblesse des forts et la patience des humbles ; elle l'édifie sur la générosité avec laquelle Dieu fait mouvoir le mécanisme qui établit la marche de l'humanité. Ce noviciat aux grandes choses est absolument nécessaire à l'homme ; il n'est apte qu'à ce prix.

A la cathédrale, l'abbé Cestac se fit le confesseur, l'évangélisateur, le bienfaiteur des pauvres. A cette spécialité il ne devait point avoir de jaloux ; d'autre part, Jésus-Christ a trop particulièrement béni ce genre d'apostolat pour que la piété qui s'y adonne n'y trouve des consolations proportionnées à son dévouement. Celles-ci sont autrement rares dans la culture des habitués de la richesse et de la lumière. Que de pauvres dans la suite de Jésus pour un Zachée ! Aux pauvres se mêlèrent les pêcheurs. Le zélé vicaire n'eut pas à courir à leur recherche ; ils se jetaient à son tribunal de pardon comme les poissons dans les filets des apôtres au matin de la pêche miraculeuse. Non-seulement les pêcheurs, mais les pécheresses aussi. « Elles venaient, écrit l'abbé Puyol, comme poussées par une impulsion irrésistible implorer la commisération du prêtre charitable qui avait pour elles une incroyable compassion. » Cestac s'en trouva bientôt embarrassé. En effet, les refuges de Bordeaux, de Toulouse, de Montauban, qui avaient ouvert leurs portes aux envois du vicaire de Bayonne, se déclarèrent au complet. Et néanmoins il donnait à chacune de ses repenties un modeste trousseau et cinquante francs qu'il renouvelait chaque année. Que faire ? Faudra-t-il cesser de prêcher la pénitence puisqu'il n'y a plus d'asile pour le repentir ; ou bien, la maison de préservation et de réhabilitation manquant, n'y a-t-il de conversion possible que pour les impures dont l'économie a ramassé une *richesse d'iniquité ?* Cestac se tira d'embarras. Mais son problème, si grave et si intéressant, subsiste tout entier à Paris, avec ces deux aggravations spéciales : *fodere non valeo, mendicare erubesco* (1), qui sont loin d'en faciliter la solution. L'essai des R. P. Dominicains dans ce genre est d'un bon exemple mais se trouve

(1) S. Luc. XVI. 3.

insuffisant. Un comité protestant de réhabilitation s'est organisé par souscriptions, et fonctionne. Il semble urgent que les dames catholiques prennent pour elles ces statuts et se mettent résolument et largement à une œuvre indispensable.

Donc, pressé par la nécessité, faute de mieux, l'abbé Cestac se décida à recueillir ses *pénitentes* dans le grenier du *grand Paradis*, au-dessus de ses *orphelines.* Qu'on ne s'imagine pas que ce soient là des expressions trouvées pour la cause. Ce grenier était bien un grenier, en effet ; un mauvais grenier, il est vrai, vide s'entend, et ouvert à tous les vents. Le grand Paradis, d'autre part, était une vaste maison attenant au cimetière de la ville, prêtée provisoirement par la municipalité à l'abbé Cestac pour y loger les petites filles sans parents qu'il avait recueillies. Cette barraque avait un nom vraiment prédestiné. Est-il étonnant que le serviteur de Dieu en détresse l'ait convertie en une sorte d'arche de Noé, n'y recueillant que son bien après tout et celui de Dieu, c'est-à-dire les pauvres orphelines et les pauvres filles, mais avec grand ordre, celles-ci sévèrement et absolument séparées de celles-là.

A ce moment, les orphelines étaient au nombre de quarante. En 1833, la ville de Bayonne était loin de posséder les établissements charitables nombreux d'aujourd'hui. Le prêtre des pauvres ne put voir sans grande pitié de petites filles de dix à quatorze ans, sans famille ni appui, vaguer par la ville et la banlieue à la recherche des os et des débris. Après avoir beaucoup et longtemps prié, il leur donna la sainte Vierge du ciel pour mère ; une pieuse femme de cinquante ans pour directrice ; lui-même pour père. Le 11 juin 1836, il les conduisit, au nombre de sept, au salut de la cathédrale d'abord, à l'évêché ensuite, pour faire bénir son entreprise par le bon Dieu et son délégué. Il les installa dans ce palais de pauvreté, meublé de vieilleries achetées pour peu de chose, de bric et de broc ; il leur offrit même pour premier repas un vrai banquet : un pain de huit livres, un plat de haricots et un demi-fromage. L'établissement prospéra rapidement ; le nombre des filles recueillies était décuplé à l'arrivée des pénitentes. Le « bon père » avait remarqué une trappe au plafond du grand Paradis. En appliquant une échelle on pouvait, par cette trappe, pénétrer dans le grenier. Ainsi montèrent les nouvelles arrivantes dans leur pauvre refuge. Elles y étaient bien mal en réalité ; mais on ne tarda pas à se convaincre, officiellement, que, la grâce aidant, elles s'y trouvèrent fort bien.

Toute œuvre de bien a ses adversaires : ceux du dedans et ceux du dehors. Cestac ne pouvait échapper à la loi commune. Pour les premiers, les zélés, l'admirable vicaire n'était déjà qu'un panier percé. Mais dès la réunion sous un même toit des pécheresses avec les filles innocentes, que ne fut-il pas dit ? Au lieu de lui trouver moyen de mieux faire, ceux-là ne s'occupèrent qu'à répéter les mots grands et vides d'imprudence, de scandale. La clameur fit long chemin. Retrouvant pour une fille perdue une sollicitude qui ne s'était jamais montrée jusque-là, une tante écrivit de loin au Maire de Bayonne pour réclamer de son autorité une enfant que l'abbé Cestac détenait dans un grenier où elle mourait de faim. Ebranlé par la censure qui partait de bouches pieuses, le Maire de Bayonne, à son tour, se retourna contre son protégé d'hier. Donc, un beau matin, l'envoyé municipal ceint de l'écharpe, debout au pied de l'échelle du fameux grenier, somma, au nom de la tante et de la loi, une jeune fille de dix-huit à dix-neuf ans de descendre sur-le-champ. Ce fut aussitôt une explosion de cris, de gémissements, de sanglots de la part de la jeune repentie et de ses compagnes. Le délégué du Maire mêla ses larmes à celles versées dans ces adieux ; et il n'eut pas de peine à convaincre son maître que décidément ces pauvres filles préféraient le dénûment de ce grenier aux plaisirs du monde qu'elles avaient quitté.

Il fallait des maîtresses, des directrices, des mères à ces orphelines et à ces pénitentes. Le dévouement désintéressé dans toute son ampleur ne se trouve que dans la virginité chrétienne. Il en est de même de la vertu avec l'honneur et la solidité ici désirables. Cestac fit appel à ce qu'il rencontra de plus élevé parmi les âmes dont il avait la direction spirituelle. La Providence qui avait fait surgir le troupeau ne devait pas manquer de lui donner ce qu'il fallait pour le conduire. Son institut des *Servantes de Marie* naquit ainsi de la nécessité présente et non de combinaisons humaines ; comme était née l'œuvre des orphelines, celle des pénitentes ensuite. Les premières religieuses de l'ordre, la *Mère vénérée*, la *Mère noire*, la *bonne Sœur*, semblent appartenir au monde des légendes. Nous en parlerons. Mais il nous presse de montrer l'Institut dans son établissement définitif.

III.

NOTRE-DAME DU REFUGE — SIÈGE DÉFINITIF DE L'INSTITUT

Quand, après avoir quitté Bayonne, on descend la grand'route qui conduit à Biarritz, sur la droite, le vieux clocher et les vieux toits d'un bourg s'offrent à l'œil qui cherche en vain à découvrir la mer par-delà les steppes : c'est Anglet. Son territoire s'étend au nord ; ce sont des sables, des plaines de sable arides et solitaires avec des arbustes rabougris, jetés au hasard par la nature, et quelques rares boulots ravagés et pliés par la tempête. Jadis un riche bayonnais, pris de fantaisie, se fit dans ce désert une habitation, seigneuriale pour un pays de cabanes de pêcheurs, qu'il appela prétentieusement Châteauneuf. Puis, la fantaisie envolée, l'habitant s'envola avec elle ; le château resta seul, vieillit, ne fut plus que l'une de ces fermes toujours à vendre, jamais vendues, où tout semble périr d'ennui, bêtes et plantes. Quel pays de choix pour y acclimater la pénitence ! La visite à un malade du voisinage y conduisit l'abbé Cestac. En parcourant la maison, il la trouvait de plus en plus à sa convenance : on aurait là de l'air, de l'espace, la solitude, le recueillement, le silence, la facilité de s'étendre, de s'agrandir, l'avenir à volonté.... à la volonté de Dieu. Cela s'offrait bon marché ; mais pour Cestac c'était cher, trop cher. Tout est trop cher pour une bourse vide. Le serviteur de Marie allait se retirer, ses regrets grossis de tous les rêves que le lieu agitait en son âme d'apôtre-fondateur, quand il aperçut, oubliée sur la muraille, une image de Marie-Madeleine. Subitement, cette rencontre lui devient une indication du ciel, une invite. Ce qui était trop cher pour lui ne sera plus trop cher pour la Providence. La Providence paiera, la Providence paya.

Les œuvres du grand Paradis émigrèrent ainsi à Châteauneuf.

Ne tardons pas plus longtemps à proclamer que pour parler la langue de l'abbé Cestac, où nous disons la Providence, c'est la sainte Vierge qu'il faut entendre, « sa divine mère et maîtresse. » Pour lui, la Mère de Dieu avait tout fait, tout créé, tout développé, tout soutenu, tout défendu, même tout entrepris. Aussi son nom fut-il, de règle, à toute heure, sur les lèvres de chacune des enfants du « bon Père » ; son image placée dans tous les coins, dans tous les réduits, présidant à tout comme elle présidait à la chapelle. De tout temps, en toute occasion, la prédication de l'abbé Cestac eut pour thème unique la dévotion dûe à la Mère de Dieu. Nous l'avons entendu raconter qu'un protestant lui reprochant un jour cette dévotion comme excessive, il lui répliqua : « Je vais au Fils par la Mère. J'invoque celle-ci ; le Christ arrive. Vous, au contraire, vous dites : *Christ ! Christ !*... et Christ ne vient pas. »

Le siège nouveau de ces œuvres reçut un nom qui en résumait la nature : Notre-Dame du Refuge ; les Religieuses aux livrées blanches et bleues qui devaient se dévouer au service des orphelines, des pénitentes, et plus tard des enfants des campagnes, s'appelèrent les Servantes de Marie.

IV.

L'ESPRIT DE L'ABBÉ CESTAC

Pour comprendre la part si considérable que l'abbé Cestac, sans exagération, se plaisait à faire à l'intervention invisible et surnaturelle de la sainte Vierge dans le succès de ses entreprises, il faut savoir l'esprit d'abandon intérieur qu'il apportait en toute chose ; son désintéressement absolu ; son respect de la pauvreté pratique dans laquelle Dieu aime à faire vivre ses œuvres tandis que le monde n'a foi que dans celles qui se présentent appuyées sur la richesse. C'est ici que le serviteur de Dieu se révèle dans toute cette beauté et cette ampleur d'âme qui sont les fruits de l'esprit évangélique sérieusement compris et réellement pratiqué.

Il ouvre un orphelinat. Les conditions d'admission outre l'origine bayonnaise sont : 1º la pauvreté extrême des enfants recueillies ; 2º la gratuité absolue, poussée *jusqu'à l'exclusion*, sinon de charités spontanées, du moins de *pensions régulières*. Dès que l'œuvre peut se suffire par son propre travail, il en écarte le secours étranger. Il refuse formellement ainsi à M. Emile Détroyat son autorisation d'organiser, dans son journal, la loterie périodique au profit de ces pauvres enfants. Aussi a-t-il pu écrire dans son autobiographie : « O la plus tendre des Mères, vous avez voulu dès le commencement donner à votre œuvre cet esprit de désintéressement absolu qui la caractérise, désintéressement fondé sur une confiance entière, exclusive en vos bontés. Plus tard, vous avez daigné me le faire encore mieux connaître, lorsque de bonnes dames m'ont demandé, avec instances, de recevoir de pauvres enfants qui n'étaient pas de Bayonne, et pour lesquelles on voulait se cotiser pour payer de petites pensions. Vous ne m'avez jamais permis de céder à cette amorce. Vous avez voulu que je maintinsse cette petite œuvre dans l'esprit de sa fondation. Nous n'en avons pas une seule fois dévié jusqu'à ce jour et j'espère, ô divine Maîtresse, que vous ne permettrez jamais qu'on s'en écarte à l'avenir (1). »

Son programme, le fidèle serviteur de Marie prétendait le tenir de la sainte Vierge elle-même. Elle lui avait révélé ses volontés dès les jours difficiles du grand Paradis.

« ELLE écarta tous les moyens de la prudence humaine pour se déclarer l'unique fondatrice et maîtresse de l'œuvre.

ELLE défendit de rien demander à personne

____

(1) Vie par M. Puyol, page 209.

ajoutant que si elle voulait des charités elle se réservait l'initiative des inspirations.

Défense de rien recevoir à titre de pension, soit pour les orphelines, soit pour les pénitentes. Les orphelines, on les placerait ; les pénitentes, il fallait les garder jusqu'à la mort, si elles voulaient rester. » — « Mais, bonne mère, objecta le prêtre, s'il en vient un grand nombre ? » — « Il y aura de l'espace, il faudra bâtir. » — « Mais, pour les nourrir ? » — « J'en nourrirai mille comme une. »

Quelle foi, quelle confiance dans les affirmations du Jésus de l'Evangile faut-il posséder pour ne point reculer devant un mandat humainement si aventuré. Cestac le remplit avec la liberté de son esprit, avec la bonne humeur même qui lui était naturelle. On eût pu croire qu'à lui aussi il avait été dit personnellement ; *ecce mater tua !* Un jour, dans un entretien filial avec sa divine Mère, il allait lui demander une somme nécessaire. La divine Mère lui ferma la bouche en lui disant : « Ne demande que mon esprit (1). »

> .... O luce eterna del gran viro
> A cui nostro Signor lascio le chiavi
> Che porto giri di questo gaudio miro
> Tenta costui dè panti lievi et gravi,

(1) Vie, page 250.

Come ti piace, intorno della fede,
Per la qual tu su per lo mare andavi.
   S'egli ama bene et bene spera e crede.
Non t'è occulto, perche'l viso hai quivi
Dove oqui cosa dipiuta si vede.

(Dante. Par. xxiv.)

« O lumière éternelle du grand homme à qui notre Seigneur a laissé les clefs de cette joie merveilleuse qu'il avait apportée sur la terre, examine celui-ci, tout à ton gré, sur les points légers ou graves à l'endroit de cette foi qui le fit marcher sur la mer. S'il aime, s'il espère, s'il croit avec ardeur, tu ne l'ignores point puisque ton regard est fixé là où se voient toutes choses. »

Cestac veillait à ce que cet esprit évangélique n'eût pas chez lui d'intermittence : aux yeux de tous, il lui était si famillier qu'il semblait s'être identifié avec sa nature. Aussi quelle manière à part d'envisager la pratique de la vie. C'était un survivant des âges apostoliques. On lui écrit un jour pour lui présenter une postulante ; elle a toutes les qualités désirables ; mais elle a aussi contre elle qu'elle est pauvre. — « Elle est pauvre, dites-vous, répondit l'abbé Cestac. Mais la pauvreté, aux yeux de notre divine mère est un titre d'admission ; car elle-même a été très pauvre et elle aime les pauvres. »

Où son esprit d'abandon se révélait dans toute sa pureté, c'est encore à l'endroit si délicat des vocations religieuses. Il avait là-dessus une théorie qui mériterait d'être recueillie en caractères d'or : « Vous n'emploierez, pour attirer des vocations dans l'œuvre, que la prière adressée à la divine maîtresse de se choisir elle-même ses servantes. A cet égard, je vous dirai, mes bien chères enfants, que sans doute dans des vues de zèle et d'un pieux intérêt pour leur œuvre, certaines congrégations croient devoir appeler et attirer des sujets. Elles prennent même divers moyens pour atteindre ce but. C'est leur voie et je suis loin de les blâmer. Mais cette voie n'est pas celle que nous a donnée notre bonne et souveraine maîtresse ; elle veut elle-même se choisir ses servantes, et, en ce point, comme dans tous les autres, elle veut de nous la fidélité, la piété et l'abandon (1). »

Ce fut là la part de Dieu.

Mais, cette part faite de la confiance de l'homme dans le secours d'en haut, il convient d'exposer comment il entendit la part de l'homme et ce qu'il tira de la liberté, de l'intelligence, de l'activité humaines. En ce qui le touche, n'a-t-il pas fait mentir le contemporain qui a dit que : « C'est seule-

(1) Testament spirituel, p. 292.

ment dans le ciel que les anges ont autant d'esprit que les démons. » ? Souvenons-nous que pour un Moïse qui priait, il y avait des milliers d'hommes qui combattaient. Nous savons d'où l'efficacité venait aux coups des soldats d'Israël. Mais il n'en est pas moins vrai que les combattants de Dieu faisaient leur devoir comme si d'eux seuls eût dépendu la victoire. Cestac le comprit ainsi. Il comprit que pour que le « ciel t'aidera » reste vrai, il fallait nécessairement le faire précéder de « l'aide toi. » L'un ne va point sans l'autre. L'entendre autrement c'est fausser la raison divine : Ce qui n'est digne ni de Dieu ni de l'homme.

Ce que cette conviction a produit d'énergie en M. Cestac, ce que cette énergie a développé d'initiative et emmené d'heureux effets est vraiment prodigieux. Dans un désert, Cestac crée une ferme-modèle ; de sables mouvants il fait un sol fertile ; de steppes désolés une Thébaïde fleurie, riante et salubre que l'on va visiter comme une des plus curieuses créations du génie de l'agriculture et de la prière.

Il faut d'abord arrêter le mouvement des sables. Contre le vent de la mer qui les pousse, il sème des sapins qui sont aujourd'hui une forêt. La plaine est vaste et ouverte. La pénitente s'y répand sans d'autre garde que la garde de Dieu ; elle tourne la terre et la retourne ; laboure, sème, cueille ; dénoncée au passant et au visiteur, penchée qu'elle est vers la terre, par la croix blanche qui se détache sur les reins. Elle sature cette terre de son labeur, de sa sueur, de sa prière, dans la joie de son âme. Quand l'heure sonne, les vaches de labour s'arrêtent ; l'ouvrière tombe à genoux et se recommande à la divine mère et maîtresse ; puis elle se relève et reprend son travail silencieux. La terre végétale manquant, on ne sait par quelle rosée secrète le bon Dieu rend le labour fructueux. La même scène se passe au potager, au verger, à la vacherie, à la porcherie. Il y a tout cela au Refuge, car nulle industrie n'y est négligée. Le meilleur lait, le meilleur beurre, les plus belles fleurs, les plus belles primeurs qui se vendent à Bayonne et à Biarritz viennent de là. C'est la pénitente qui porte le beurre à la ville, gardée par sa liberté, par sa croix au dos et par le bon Dieu. Tout ceci a mieux valu contre les défaillances que des murailles claustrales, tant ce que Dieu garde est bien gardé. Cestac l'avait espéré ainsi. Ce fut sa conviction qu'il conserva obstinément à l'encontre d'opinions contraires (1).

Le sol donc produisait. Le travail manuel produisait aussi. Il y a quinze ans encore, il fallait voir ces barraquements groupés autour de la chapelle où le travail luttait contre la pauvreté, avec

(1) L'abbé Dufêtre, depuis évêque de Nevers, lui avait dit un jour, en face, que sa théorie n'était qu'une chimère.

espérance et paix, sous l'image de la reine du ciel et du Refuge ; où l'orpheline guidée par la servante de Marie, après un début dans le travail le plus grossier, devenait capable de l'application la plus délicate. Le Refuge se fit bientôt une spécialité qu'il a gardée des travaux de luxe à l'aiguille, corbeilles, trousseaux de mariage.

Du Refuge à la Villa Eugénie, il n'y avait pas loin : une promenade en voiture, par les bords de la mer. Napoléon III et l'Impératrice devinrent les amis du Refuge ; l'abbé Cestac, en la prière duquel on avait grande confiance, fut de son côté l'hôte familier, l'abbé nécessaire de la cour en villégiature. L'agronome d'Anglet devint probablement l'initiateur, ou tout au moins le conseiller très écouté des grands travaux de culture essayés par l'Empereur à Solférino des Landes, à Orx. Le Comice agricole du pays élut, à l'unanimité, l'abbé Cestac, son président. Jusqu'à la fin, celui-ci porta au congrès agronomique un zèle intelligent et passionné qui n'eut d'égal que celui dépensé pour l'organisation du travail professionnel et pour les méthodes scolaires ; qui ne fut surpassé que par son zèle *des âmes :* les deux premiers visant la terre ; mais ce dernier, le paradis (1).

____

(1) Confer : Puyol, p. 505, 510 et suiv. ; et notamment la Lettre à M. le Comte de Dampierre ; le *Monastère d'Anglet*, par Schneider.

V.

LE FRÈRE ET LA SŒUR — COLLABORATRICES

Trois femmes d'un rare mérite apportèrent un concours exceptionnel aux conceptions de l'abbé Cestac : la mère Vénérée ; la mère noire ; la bonne mère. Quand Dieu veut travailler, il sait choisir l'outil.

La première n'est autre que la propre sœur de l'abbé Cestac. Elise, de dix ans plus jeune que son frère, sa filleule, était devenue, par sa grâce simple et sympathique, par sa piété intelligente et aimée la fleur du foyer paternel, le centre des affections de toute la famille. Elle avait une âme de lys et de sensitive. Ses deux sœurs étaient plus âgées. Elle voua à son seul frère une prédilection mêlée d'admiration qui la porta à lui confier sa direction spirituelle. Elle se prêtait à ses œuvres pour les pauvres. Quand le vicaire eut des orphelines, Elise leur taillait des étoffes à coudre et répondait, bien contre sa pensée, en riant, à qui l'interrogeait : « Nous fondons un ordre religieux. » Elle aimait la musique et excellait au piano. Un soir, le frère et la sœur, se délassant, avec entrain, dans l'exécution d'un morceau d'ensemble, un bruit inaccoutumé de la rue monta jusqu'à eux. La foule s'était assemblée sous leur croisée pour écouter le concert. Le silence du violon et du piano se fit immédiatement.... et pour toujours. L'abbé Cestac venait de renoncer à l'une de ses affections les plus innocentes et les plus vives. La prière et les âmes devaient lui suffire désormais. Quelle éloquente prédication pour la sœur que cet acte fraternel de détachement et de renoncement ! Sollicitude délicate, tendresse spirituelle, Edouard n'omit rien pour élever à Dieu de plus en plus l'âme de sa sœur. Il la consolait et l'édifiait par la perspective des douceurs des appels divins, des joies du sacrifice ; des séduc-tions de l'avenir céleste par delà cette vie ! Collaboratrice timide jusque-là, tant elle est discrète, Elise finit par arriver au grand Paradis pour en prendre la direction ; mais elle stipule nettement qu'elle ne sera pas religieuse. Puis, quelques mois après, en avril 1840, elle écrit en se vouant à Dieu : « Oh ! croyez-le, j'ai passé par des peines très fortes. Je ne pouvais pas être du monde sans remords. Dieu me voulait ; moi, je voulais du monde. C'était une lutte continue qui ne me laissait pas un moment de trève. » — « Malheureux remords, m'écriais-je quelquefois, laissez-moi, laissez-moi ; vous empoisonnez ma vie ! » Je dis maintenant : « Heureux remords, où en serais-je

sans vous ? ils m'ont conduite ici et je les en bénis. » Elise Cestac devint la Supérieure et la *Sainte*
de l'Institut. Sœur de Sainte-Scholastique par
l'élévation de l'âme et par la dilection fraternelle,
elle rappelle Jeanne de Chantal par son dévouement
et par sa générosité à répondre aux appels de
Dieu.

Il fallait que le cœur de la pauvre Elise renonce
au frère, au parrain, pour remplacer la nature par
d'autres sentiments. Elle y travaille : « J'ai eu des
peines bien cuisantes à dévorer pour ne voir dans
vous qu'un supérieur, un confesseur. Mon Dieu,
quel sacrifice !.... mais il est presque fait, quoique au fond, si je voulais consulter mon cœur....
mais je m'en garderai bien. Je le laisse et ne veux
lui rien dire, de crainte qu'il n'en dise trop. Au
ciel ! Au ciel ! » Et encore : « Que les desseins de
Dieu sont impénétrables ! Mais puisqu'il en a
ordonné ainsi, il faut que je me brise, que j'oublie
que vous étiez mon frère, et ce frère que j'aimais
tant et que j'ai perdu ! » Elle appelle cela sa plaie,
sa plaie saignante, qui se cicatrise parfois, mais
que le moindre froissement fait saigner. Elise Cestac s'appelait sœur Marie-Madeleine. La religieuse
faisait dans ce renoncement particulier des progrès
que ses sœurs admiraient ; qu'elles trouvaient
héroïque. Néanmoins elle avait besoin parfois d'être
soutenue dans cette lutte de l'esprit contre la

nature. « Permettez-moi de vous faire part d'une pensée qui m'afflige. Il me semble que vous ne m'aimez plus ! Oh ! si vous saviez combien mon cœur a besoin de votre affection ! » A quoi le « bon père » répondit : « Pour ce que vous avez sur le cœur, c'est très bien, ma chère enfant, de me l'avoir dit. Mais comme en tout cela il n'y a aucun fondement réel, ce sera un petit nuage qui passera, une petite épreuve qu'il faut offrir à Dieu et aussi une petite misère dont il faudra s'humilier. Ah ! ma chère enfant, et qui voulez-vous que j'aime dans ce monde si ce n'est vous qui m'êtes chère à tant de titres !.... Mais laissons cela : il ne vaut plus la peine d'en parler. »

De son côté, la mère vénérée n'ignore pas les tribulations secrètes du bon Père. Elle tâche de le soutenir dans son labeur pour Dieu. « Croix dedans, croix dehors, grande croix de ma personne que je porte partout, oh ! que la voie du ciel est douloureuse ! Mais vous, mon bon Père, qui portez et pénitentes et orphelines, et sœurs et novices, et postulantes et mères, et les embarras du temporel et le vicariat (toujours à la cathédrale), mon Dieu, que de croix !.... elles vous conduiront au ciel ! »

Gracieuse Bodin, d'autre part, s'est associée, la première, à l'entreprise pieuse de l'abbé Cestac, dès l'âge de 19 ans. Elle semble avoir pris pour sa part le rôle de Marthe ; elle devint l'organisatrice de l'Institut. Sous le nom de *mère noire*, qu'on lui donna familièrement durant de longues années, nous aimons à la saluer aux côtés de Marie, c'est-à-dire d'Elise Cestac, dans ce Béthanie laborieux, où vont s'épanouir ces deux fleurs nouvelles de l'Evangile.

Le peuple lui avait donné son pittoresque surnom, à cause de la couleur sombre de son premier habit sans doute. *Mère noire*, âme blanche, aimait à dire l'abbé Cestac, et combien généreuse ! Enrolée dans l'œuvre la première, elle eut part à tous les labeurs, c'est-à-dire à toutes les douleurs ; elle fut la première supérieure des pénitentes, la première supérieure des solitaires de Saint-Bernard, dont nous parlerons tout à l'heure. Elle a survécu à ses compagnes de fondation et au fondateur. Elle se trouve aujourd'hui la première supérieure générale de tout l'ordre.

Peu de mots suffiront à faire comprendre l'esprit que le « bon Père » avait fait passer dans l'âme de ses admirables collaboratrices. Un jour, il est deux heures du soir ; la communauté n'a pas encore pris le repas principal de midi. Les orphelines commencent à pleurer de faim. « Allons réciter un souvenez-vous à la chapelle » dit la mère vénérée. Presque au même instant deux dames arrivent de Bayonne qui envoient chercher du pain. Une autre fois, à six heures du soir, il n'y a rien dans la maison, ni pain, ni farine, ni bois ; trois sous seulement dans la bourse de la mère vénérée et quelques autres dans les poches de la *mère noire*. On achète dix-huit sous de farine ; et, avec un feu d'épis de maïs oubliés dans un coin, on fait de la *tourniole*. Tout le monde mangea ; tout le monde fut ravi. Cent traits de ce genre se pourraient citer. L'âme du frère était passée tout entière dans l'âme de la sœur.

Quelque dure que fut l'épreuve à certaines heures, quelque poignantes qu'aient été parfois les préoccupations matérielles, se figure-t-on bien la joie intime qui devait déborder dans l'âme de cette sœur et de ce frère, en si parfaite communion d'idées, d'aspirations, d'immolations aimées, de douleurs, de pleurs, de consolations et de lumière sur ce chemin si direct de Dieu? Comme ils ont dû refaire, avec toute l'élévation de leurs âmes héroïques, le colloque célèbre de saint Benoît et de sa sœur ! Que de fois, eux aussi, au sein de cette solitude du Refuge et en face de cette belle mer atlantique ils ont soupiré les adieux et les au revoir éternels de Monique et d'Augustin sur le rivage d'Ostie!

Pour faire sentir et pour redire ces épanouissements suaves et lumineux de la dilection fraternelle, pourquoi n'évoquerais-je point le souvenir des derniers jours de ton pèlerinage en la vie, ô ma sœur aimée tôt envolée, tes colloques de la dernière heure, alors que sous les purifications de la douleur et de la grâce, ton âme avait revêtu comme des reflets célestes, ne vivant plus que de l'espérance et du désir de plus en plus pressant de la vision et de la possession de Dieu ? Comme impatiente du lien mortel qui la retenait, par ton grand regard serein et fort dans un corps alangui, profond et prolongé, par tes soupirs angéliques de patience et d'amour, ton âme apparaissait au dehors comme sortie avant l'heure de son enveloppe mortelle ; tantôt répétant, sous l'accès de la douleur : « *Fiat, fiat*, merci, merci, mon Dieu ! » ou bien : « Encore, encore, pourvu que vous m'épargniez, ô mon Dieu, et que je vous voie ! » tantôt s'appropriant l'expression de la Sagesse inspirée pour résumer l'existence humaine : « Il n'y a que Dieu dans la vie ; tout le reste n'est rien, rien, rien ! » La mort s'étendait lentement sur le corps ; et l'intelligence si vivante, comme de plus en plus dégagée par ces envahissements, resplendissait d'éclat, de lumière, comme des reflets premiers de l'apparition prochaine de Dieu, quand elle ne se reposait pas dans le recueillement profond des visites incessamment désirées de la sainte Eucharistie. Ta main délicate et amaigrie dans notre main, tu ne voulais pas que notre regard s'écarte comme pour ne point sevrer notre douleur d'aucune de ces consolations si peu humaines, si élevées qu'elles ne venaient que du ciel en ton âme, et cette âme transfigurée les laissait découler sur nous, pures comme à leur origine. De notre voix humaine tu ne voulais entendre que le langage qui te parlait de la patrie, de celle dans laquelle tu allais entrer, que ton regard sondait dans les mystérieuses obscurités de l'espérance, dont tu saluais de loin le rivage désiré, apparaissant enfin après un laborieux exil. Tu as voulu que sur toi la bénédiction sacerdotale du frère mortel que tu quittais se confondît, à l'heure de la rencontre suprême, avec la bénédiction du bien-aimé Jésus qui te recueillait dans sa tendresse éternelle. Le frère et la sœur ! rien n'égale leur affection parce qu'elle n'est que de l'âme et qu'elle tient toute l'âme. La tienne avait repris toute sa royauté ; la lumière et la tendresse en débordaient à pleins bords et tu nous y fis boire à longs traits. Le soleil couchant est plein d'émouvantes splendeurs ; mais rien n'égale le lever du Soleil éternel sur l'âme humaine grand ouverte à ses rayons ; rien n'égale les reflets de l'Incréé se projetant sur le vide du créé.

Ce spectacle, Elise et Edouard Cestac se l'offrirent l'un à l'autre durant de longues années. Leurs deux âmes y puisèrent une jouissance infinie, d'autant plus saisissante que la mortification du corps était plus violente. Par celle-ci l'âme se dégage, s'épure, s'élève, se dilate ; son amour est plein de chaleur et son regard plein de lumière. Quand l'aigle monte toujours, les yeux sur le soleil ; la terre s'éloigne et les cimes semblent s'abaisser. Ainsi de l'âme. Plus elle approche de Dieu, plus l'humanité disparaît et les douleurs dont elle se compose se rapetissent à l'égal de jeux d'enfants. Va-t-on nous comprendre si nous disons qu'Elise Cestac se plaisait dans la pauvreté et l'abandon ; qu'elle s'y réfugiait même, et que, dans ce refuge, elle trouvait sa force ? Nous la voyons appeler à elle, comme une faveur, toutes les épreuves de la Providence, pour qu'elles soient épargnées à ses continuatrices. Au surplus, Dieu semblait l'exaucer. Son âme connut des souffrances secrètes. Parfois, dans la prière, ses larmes jaillissaient ; elle tombait en défaillance. On se vit obligé de veiller sur elle afin de la secourir dans ces accablements d'agonie. Quelle touchante histoire que celle de son immolation !

Nous l'entendons dire : « Ah ! mon Père, mon Père, que cette œuvre donne de peines ! Encore si nous avions la prudence, la douceur, si nécessaires pour faire le bien ! mais porter le poids de l'œuvre et ne pouvoir se porter soi-même ! » Mais, son frère, au début de l'œuvre, comme d'instinct prophétique, ne lui avait-il pas dit : « S'il plaît à

Dieu de l'éprouver *toujours* dans cette vie, c'est la plus belle, la meilleure part de son cœur, celle qu'il a prise pour lui-même et qu'il n'a donnée qu'à ses chers amis. » Par intervalles, elle est presque aveugle : « Dans l'aveuglement corporel, je me trouve heureuse, parce que les ténèbres si épaisses de mon esprit se dissipent un peu, et alors, comme une personne qu'on sortirait d'un cachot bien noir, et qui, à la faveur de la lumière, distingue les objets qui se présentent à ses regards, je comprends un peu Dieu, la très sainte Vierge, la prière. Tout cela me paraît vrai et clair. O heureux aveuglement du corps qui me procure un peu de lumière à l'âme, lumière mille fois préférable ! »

On rencontre toujours plus pauvre que soi. Quelqu'un de ces favoris de la pauvreté venait-il aux Orphelines, elle lui donnait l'aumône puis se mettait à genoux devant lui et lui baisait les pieds. Dans le pays, ce qu'il y avait de plaies et de bosses allait se faire panser par les bonnes sœurs. Partout où il y a des bonnes sœurs il en est ainsi : ce sont les infirmières publiques. La mère Vénérée gardait pour ses soins les plaies les plus repoussantes. Une lépreuse qu'elle visitait régulièrement aimait le chant. La Mère retrouvait sa voix pour lui faire plaisir, et parfois lui amenait le chœur de ses orphelines. Peut-être faut-il penser avec une de ses compagnes que « les peines et les croix abrégèrent ses jours. »

Tandis que la mère Vénérée soupirait aux pieds du tabernacle, la Mère Noire trouvait dans son inspiration une manière toute différente de rappeler à la miséricorde de Dieu les devoirs de la Providence. Elle montait sur la plus haute dune voisine, se prosternait à terre pour prier pour les pauvres ; puis, se levant et les bras en croix, elle se tournait successivement vers chacun des points cardinaux en s'écriant : « Seigneur qui aimez ceux qui souffrent, en votre nom j'envoie cent charrettes de pain à mes frères du nord qui n'ont pas de pain ! (1). » Le cœur de Dieu ne pouvait être moins large que le cœur de sa servante. Aussi, c'est tantôt une citrouille arrivant à point pour relever une marmite d'eau claire ; tantôt c'est le bon Père qui, moins pauvre que d'habitude, demande en riant à la communauté quel gala elle désire pour le dimanche suivant. On se concerte. « Bon Père, donnez-nous à chacune une sardine et de la méture à discrétion. »

Longtemps la Mère Vénérée eut à constater ce qu'elle écrivait en 1848 : « Quant aux finances, nous sommes très pauvres. La *bonne Sœur* dit que

(1) Puyol, page 271.

l'épreuve est longue. Mais elle est toujours pleine d'abandon à notre bonne maîtresse. Au reste, sans épreuve et sans peine où serait le mérite ? »

La *bonne Sœur* dont Elise Cestac vient d'évoquer le témoignage en proclamant d'un mot sa haute vertu fut la nourricière de l'Institut. Elle eut l'initiative des moyens humains et les fit réussir admirablement. Elle créa une spécialité de biscuits ; puis l'industrie des œufs et des poules ; celle du clapier et de la porcherie ; puis celle des chaussures en lisière ; l'industrie ensuite des divers ateliers.

La richesse ne vint jamais au Refuge, heureusement ; mais l'extrême pauvreté s'adoucit. Que de fois le bon prêtre dut renouveler à la Sainte-Vierge la prière qu'il fit aux débuts prosterné aux pieds de la statue de sa protectrice dans la cathédrale de Bayonne, en lui tendant un billet de 300 fr. qu'il fallait payer dans les trois jours : « Ma bonne mère vous voyez ce billet et vous savez ce qu'il dit. Vous savez aussi que je n'ai rien et qu'il m'est impossible de payer la somme qui m'est demandée. Maintenant donc, faites de moi ce que vous voudrez ; j'accepte de votre main tout ce que vous permetterez, je vous abandonne tout, je vous confie tout et je vais confesser. »

Un quart d'heure après on frappait vivement au confessionnal. Une affaire venait de réussir pour laquelle on avait promis d'offrir 500 fr. à la Sainte-Vierge. On s'acquittait dans les mains du serviteur de Marie.

Bref la générosité de la divine mère et maîtresse ne manquant jamais à se montrer dans la nécessité, le bon Père a pu écrire : « Nous sommes dans l'intérieur de la communauté environ 500 ; et grâce aux bontés de notre divine maîtresse, nous avons le nécessaire avec une certaine abondance. Nous faisons bâtir toujours et cependant nous ne demandons rien à personne.... Sa main puissante et maternelle n'a cessé de nous diriger par des soins continuels, toujours providentiels, souvent miraculeux. »

Il n'y eut qu'une voix dans le pays pour admirer la grande foi, la grande vertu et la grande intelligence, en même temps, de l'abbé Cestac. L'évêque diocésain, Mgr Lacroix, couvrait de son autorité modérée, prudente et sage, les essais et les œuvres des deux ouvriers incomparables que la Providence avait donnés à son diocèse l'abbé Cestac et l'abbé Garicoïts. Ce dernier devenait l'écho du sentiment général quand il s'écriait, avec sa rare clairvoyance des choses de Dieu : « Quels sont les hommes que Dieu bénit ? Ceux qui se montrent persévérants dans l'œuvre de Dieu, généreux dans les peines qu'ils y trouvent, et qui, au milieu de toutes les difficultés, savent s'anéantir, vivre et mourir. C'est

M. Cestac ! Une fois l'œuvre entreprise, rien ne l'arrête ; les croix ne font que doubler son courage. Mais aussi quelle bénédiction ! Les sables sont changés en terres fertiles, les âmes arrachées au mal, les pécheresses rentrent dans la voie du bien et de la haute vertu (1). »

(1) Vie et lettres du R. P. Garicoïts, page 277.

VI.

SAINT-BERNARD ET BERNARDINES

On eût pu croire qu'il restait peu de chose à
ajouter à la pratique de la pauvreté, de la pénitence, telle que nous l'avons montrée au Refuge.
On ne vivait là que de renoncement et d'amour
divin. Mais l'âme, entrée résolûment dans la voie
d'immolation, peut-elle s'arrêter ? ne vit-elle pas
de sacrifices nouveaux qu'elle a besoin de répéter
et de multiplier ? On avait lu aux repenties la vie
de saint Bernard. Depuis cette lecture elles n'as-
pirèrent plus, pour la plupart, qu'à se consacrer
à une plus rude pénitence dans la solitude et le
silence absolu. L'abbé Cestac résistait à leurs désirs. Elles s'adressèrent à la sainte Vierge. Après
deux ans de supplications, elles furent exaucées,
et on vit se renouveler dans ces lieux « le spectacle
qui avait étonné le XIIIe siècle lui-même : celui
d'âmes pieuses vivant en pleine nature, dans la
contemplation des sublimités divines, travaillant,
méditant et priant, comme les premiers moines
franciscains dans la forêt, sous le ciel et sur les
hauteurs où Dieu est si admirable. »

On était en 1846 ; la sixième année de l'arrivée à Châteauneuf. A mille mètres environ du couvent, au sein des pignadars, des paysans qui venaient de ramasser des fagots de bois sec entendirent des plaintes sortir d'une misérable cabane. Un malheureux vieillard seul, absolument seul, était là qui se mourait. Ces braves gens le confièrent au bon Dieu, c'est-à-dire aux bonnes Sœurs voisines, qui l'amenèrent au Refuge pour mieux le soigner. En revenant à la vie le bon vieux revint à ses soucis de propriétaire : ses sables non cultivés, ses asperges, ses petits pois, ses pieds de vigne ! A la tête de ses pénitentes, la Mère Noire, par esprit de charité, entreprend la culture du bien du vieux Larrieu, bien définitivement impotent. Dans cette solitude profonde, Dieu remplit les travailleuses de je ne sais quel sentiment surnaturel. Pour n'être point distraites de la pensée divine par la pensée humaine, elles avaient convenu qu'elles ne communiqueraient entre elles que par signes et seulement pour l'accomplissement du devoir. Le couvent des Bernardines du Boucau repassa ainsi sur la rive gauche de l'Adour ; il renaissait du passé. Le domaine sauvage du vieillard secouru devint la solitude Saint-Bernard, « admirable invention de la divine et miséricordieuse Mère, trésor immense pour les âmes que la grâce y appelle » pour y vivre de l'esprit de mort ! Un groupe de Servantes de Marie et de Pénitentes choisit cette vie d'austérité qui n'eut rien à envier à celle des anachorètes primitifs. Le bon Père, pour adoucir la règle du silence perpétuel, avait réservé le dimanche à des entretiens spirituels des religieuses entre elles. Trois mois après, sur la prière générale, cette réserve fut supprimée ; elle gênait, disaient-elles, leur communication intime avec Dieu. « A quelques centaines de pas du bord de la mer, écrivait le Dr Ozanam en 1853, s'élèvent deux rangées de cabanes, placées parallèlement et séparées par un espace d'environ cinquante pieds. C'est la demeure des Bernardines.

Ces cabanes sont en paille et en roseaux, jointes entre elles par leurs cloisons pour mieux résister au vent de la mer ; elles ne forment véritablement de chaque côté qu'une seule et longue habitation. Leur hauteur n'est guère que de sept pieds, leur largeur et leur profondeur égales. Une porte en roseau tressée ferme chaque cellule ; l'intérieur n'offre d'autre meuble qu'une chaise et un lit, formé par quelques branches tenant aux parois et dont l'intervalle a été comblé de paille et de feuilles séchées. Une couverture de bure et un petit oreiller complètent cette couche ; à terre, les pieds reposent sur le sable même ; une légère inclination du toit de chaume empêche les pluies d'orage de pénétrer dans la pauvre demeure. Douze cellules de chaque côté pour autant de pauvres solitaires, et, à l'extrémité, une chapelle dont la hauteur domine quelque peu le reste de la communauté, pour lui montrer que Dieu veille sur elle.

Qu'elle est touchante cette chapelle de chaume ! Le pied du pèlerin y foule aussi le sable ; de petites planchettes de bois reçoivent ses genoux lorsqu'il s'incline devant le Très-Haut (1). »

Après cinq années d'épreuves, l'insalubrité de ces demeures de pauvreté obligea à les remplacer par des cellules en maçonnerie. On y mourait trop vite. Les Solitaires prenaient leur repas à genoux : cette rigueur fut supprimée pour n'être maintenue qu'au repas principal du vendredi. Mais les réformes se sont arrêtées là. Le silence de la Bernardine est perpétuel. Elle n'ouvre la bouche que pour s'accuser, le soir au chapitre, de ses faiblesses du jour ; et de ses péchés à son confesseur une fois la semaine. Une fois l'année seulement, elle reçoit la visite des parents ou des amis qui désirent la voir ; une fois aussi, vers la Noël, elle leur écrit. C'est bien la vie de mort et de sacrifice sous cette grande croix qui fait partie de son costume et qui se détache sur ses épaules, haute et large à l'instar de la croix blanche dont on

____

(1) *Une Thébaïde en France*, par le Dʳ Ozanam, p. 30.

pare nos autels drapés de noir les jours de funé-
railles. Le monde voudra-t-il jamais croire qu'une
femme trouve là sa félicité ?

« Ce qui conservera la Bernardine dans sa félicité, écrit le digne fondateur dans son *Testament
spirituel*, ce sera moins la mortification de la
langue que celle des yeux. Voilà la vraie sauve-
garde : l'immolation des yeux. L'âme fidèle à cette
immolation fera de grands progrès dans la sainte
union et parviendra à une haute et vraie sainteté,
tandis que l'âme qui aurait le malheur de se laisser entraîner à la tentation du regard ne tarderait
pas à s'affaiblir, à se laisser entraîner, à se dissiper elle-même et à dissiper les autres, ce qui
serait un inexprimable malheur. » Ces enseigne-
ments étaient mis en pratique à Saint-Bernard.
Pendant cinq ans, deux solitaires avaient vécu à
côté l'une de l'autre, dans leur cellule respective.
Une mince cloison les séparait ; mais elles man-
geaient à la même table et priaient à la même
chapelle. L'une des deux vint à mourir. Suivant
l'usage de Saint-Bernard, son corps fut transporté
à la chapelle pour y être exposé, visage découvert.
Chacune de ses compagnes vint ensuite défiler
devant ces restes et leur dire un adieu en jetant
l'eau bénite. Vint le tour de la voisine en question.
Mais celle-ci, à la vue de ce visage, laisse échapper
sa surprise en un long cri de douleur et s'affaisse

sur elle-même. Dans cette morte, elle revoyait pour la première fois et reconnaissait une sienne grande amie d'enfance et sa parente, dont elle ne s'était séparée que difficilement, bien difficilement pour entrer en religion. Elle la croyait encore dans le monde alors qu'elle vivait à ses côtés. Le regard de l'une ne s'était jamais levé sur l'autre ; elles n'avaient jamais entendu le son de leurs voix.

Au mois d'août 1854, les puissants et dévoués amis de l'abbé Cestac, l'Empereur Napoléon III et l'Impératrice, visitaient le Refuge. On longeait les cellules des solitaires, à Saint-Bernard. L'Empereur s'arrêta tout d'un coup, et, s'adressant au bon Père : « Je voudrais, dit-il, voir une cellule. » Le serviteur de Marie ouvre la cellule qui se trouvait sous la main. Une Bernardine y travaillait, assise sur un escabeau de bois, la tête penchée sur son ouvrage de couture, le dos tourné à la porte. Elle ne remua pas. « Et la figure ? » dit l'Empereur. — « Mon enfant, reprit le bon Père en élevant la voix, l'Empereur et l'Impératrice sont à la porte de votre cellule et veulent vous voir. Découvrez-vous. » L'obéissante religieuse pose son ouvrage, se tourne vers la porte, vient se mettre lentement à genoux sur le seuil de la cellule, et, d'un geste rapide, rejetant en arrière son capuce blanc, elle met à découvert un angélique visage de dix-huit ans dont la beauté était relevée par la sainte gravité d'une âme qui n'aspire qu'au ciel. A cette apparition, un frisson d'attendrissement remua l'assistance. Mais la Bernardine, toujours immobile dans sa pose recueillie, les bras croisés sur la poitrine, paraissait étrangère à tout sentiment terrestre, et, fidèle à la règle de la solitude qui prescrit de mortifier la curiosité de la langue et du regard, elle ne parlait pas et tenait les yeux baissés. Le bon Père rompit le silence. « C'est bien fort, Sire, de se trouver en face d'un Empereur et de ne pas même lever les yeux. » — « C'est vrai, » répondit le Souverain. — « Assez, » dit le serviteur de Marie à la Bernardine ; et celle-ci, avec la même tranquillité de mouvements, releva son capuce, baisa la terre avec humilité, se remit à sa place et reprit son travail interrompu (1).

(1) Puyol, page 563.

VII.

DÉPARTS DE LA VIE — ÉTAT PRÉSENT

Le 17 mars 1849, la Mère Vénérée avait rendu son âme à Dieu. La pensée de la mort lui était familière ; elle avait le don de la réjouir. Elise attendit l'heure suprême dans la pratique de la pénitence et de la pauvreté, ne permettant pas qu'on soulage son corps par une matelassine qu'elle ne laissa point glisser sur sa paillasse, ni par un bouillon autre que celui qui venait de l'aumône. Et pourtant elle se préoccupait de son sort dans la vie future : « Ne vous faites pas de moi, disait-elle à ses sœurs, une idée fausse, et, par une estime non justifiée, ne me portez pas préjudice. Ne me mettez pas tout de suite au ciel. Au contraire, priez pour moi, afin de ne pas me laisser trop longtemps en purgatoire. »

Son amie, la sœur Marie-Antoinette, supérieure des Religieuses de la Sainte-Famille, à Bayonne, vint lui faire son dernier adieu. C'était le 17 mars. « Quand vous serez près de Dieu, dit la Supérieure à la malade, obtenez-moi la grâce de mourir huit jours après vous. » — « Huit jours, c'est trop tôt,

8*

répliqua en souriant la moribonde, mais dans un mois vous serez morte. » Là-dessus on se sépara avec un « au revoir » espéré. Elise Cestac expirait ce jour-là. Juste un mois après, le 17 avril, Marie-Antoinette allait la retrouver en une vie meilleure. Son désir avait été d'aller vivre avec les pénitentes de Saint-Bernard, dans la solitude. Ne le pouvant à cause de son devoir, elle ajoutait : « l'adorable volonté de Dieu, que nous voulons suivre, nous tiendra, je l'espère, lieu de tout. »

Mais dès qu'elle eut expiré, sous la bénédiction fraternelle et au milieu des consolations de sa grande piété, son corps fut transporté à Saint-Bernard, déposé sur la paille dans une cellule, puis enseveli dans les sables, au lieu même où se trouvait la cabane du bon vieux Arnaud Larrieu. « Qu'elle soit mise où elle a pleuré, » avait dit le bon Père. Depuis, sur cette tombe parée de fleurs, on se plaît à répandre chaque jour des prières mêlées des larmes douces de la pénitence et de l'amour divin, que, du fond de sa tombe, ne cesse de prêcher aux temps nouveaux cette survivante des vertus antiques.

Neuf ans plus tard, le 27 mars 1868, l'abbé Cestac alla subitement rejoindre sa sœur. « Je me meurs, » s'écria-t-il dès les premières douleurs. Il n'eut que le temps d'offrir à Dieu, avec simplicité et amour, ses dernières souffrances et de recevoir les derniers sacrements. « O ma Mère, ma Mère, soupira-t-il en invoquant la sainte Vierge, tout, tout pour vous ! Je vous renouvelle le sacrifice entier de moi-même ! Je m'abandonne à vous ! Je me remets entre vos mains !.... » Ce furent ses dernières paroles. Ce grand serviteur de Marie, ce constant prédicateur de la confiance en la « divine Mère et Maîtresse » pouvait-il disparaître de ce monde avec un autre sentiment ? Comme l'abbé Garicoïts, au lieu de se coucher pour se reposer, la nuit venue, il se coucha pour mourir ; comme lui, aussi, il ne mit pas une heure pour s'élancer de cette tente d'un jour en la « maison de son éternité. »

Plus heureux que son ami, il laissait une règle à sa communauté. Il l'avait écrite aux pieds de Notre-Dame de Bétharram, sous le toit hospitalier de l'abbé Garicoïts, dans la retraite et la prière.

Il attendit en vain, pendant trois jours, l'inspiration de la sainte Vierge. Mais celle-ci, déclare-t-il, lui suggéra l'idée de s'adresser à saint Joseph. Il célébra, ce jour-là, la sainte messe à l'autel qui est dédié à ce saint : ce fut avec ferveur et confiance. « Revenu à ma chambre, écrit-il, je me mis à genoux, je pris la plume, et, du commencement à la fin, je pus écrire les saintes Constitutions sans m'interrompre. » Aussi saint Joseph devint-il l'un des grands patrons de l'Œuvre, avec saint Cajetan, le saint qui s'est le mieux abandonné à la Providence de Dieu.

Malgré les différents motifs que le serviteur de Marie avait de se réjouir, nous entendons son biographe nous avouer : « Les dernières années de sa vie s'écoulèrent dans une indicible tristesse. Pauvre cœur humain qui ne peut jamais trouver ici-bas le repos ! Cette âme d'élite, pendant de longues années, avait combattu et souffert pour établir une œuvre de bien ; et lorsque le triomphe est acquis et dépasse toute espérance, la sérénité ne suit pas le succès et la mélancolie s'attache à la prospérité avec une obstination que ne connaissait pas l'adversité. » Nous avons signalé un semblable état d'âme dans l'abbé Garicoïts, sur ses derniers jours ! Que veut donc l'âme humaine, ou mieux, Dieu que veut-il de ses saints ? Ceux-ci ont, tous deux, usé leur génie et leur vie à la plus grande gloire de Dieu et au bien des âmes. « Dieu seul a fait tout cela, disait l'abbé Garicoïts en parlant de son œuvre, tout ce qui venait de moi n'aurait pu être qu'un obstacle. » — « Est-ce qu'il peut venir dans l'esprit de personne que nous sommes pour quelque chose dans l'œuvre de la très sainte Vierge ? » répète de son côté l'abbé Cestac. « C'est elle qui a tout fait, qui fait tout. Ce qu'il y a de bon, c'est son œuvre ; ce qu'il y a de défectueux, c'est la mienne. » L'abbé Garicoïts, comme l'abbé Cestac, aspire à remplacer dans le gouvernement de la communauté le régime personnel par le régime canonique. Nous trouvons les mêmes expressions sur les lèvres des deux fondateurs pour exprimer le même sentiment : « Maintenant je n'ai plus rien, je suis content, on peut me mettre à la porte. » Ils avaient jusque-là résumé en eux la vie de leur Institut; ils touchaient à ce moment de transition si délicat où l'enfant de leurs larmes entre dans sa vie personnelle, sort de la tutelle et devient son propre conseil. Dieu n'a pas voulu que l'affection spirituelle, à l'instar de l'affection maternelle, assistât sans déchirement à des séparations nécessaires. Pour la paternité spirituelle, c'est l'heure du *Nunc dimittis;* la mission est finie; il ne reste plus que le *cupio dissolvi et esse tecum;* et afin que le départ soit plus digne de la carrière qui le précède et de l'entrée dans le triomphe éternel qui va suivre, Dieu le colore du sang de l'âme qui s'échappe plus abondamment et plus cruellement que jamais. Tout sert d'occasion à ce crucifiement dernier : les meilleures vertus, les meilleures intentions, les meilleurs hommes. Chacun a tellement raison que Dieu seul semble savoir où se trouve la victime. A quoi bon s'en inquiéter alors qu'il est si facile de voir dans ces vicissitudes terrestres l'occasion dés purifications suprêmes admirablement ménagée par la Providence ?

Aujourd'hui Notre-Dame du Refuge est une oasis de verdure et de végétation luxuriante au séin des plaines de sable et de sapins qui s'étendent entre Bayonne et Biarritz. Le chemin de fer spécial de ces deux villes dépose le voyageur aux portes de Notre-Dame. Châteauneuf a totalement disparu pour faire place à une vaste chapelle et à des édifices solides et sévères. Partout des jardins, des serres, des fleurs ; au milieu de ces fleurs et de la prière, qui ne cesse jamais, la tombe en marbre blanc où reposent les restes chers et vénérés du bon Père (1). Une avenue de platanes jeunes

(1) M. Ch. Roumeguère, lauréat de l'Institut, directeur de la *Revue mycologique*, en tournée botanique dans les Basses-Pyrénées, a visité les belles cultures des sœurs du Refuge d'Anglet et celles qui sont presque contiguës du monastère des Bernardines. Il a fait part à son ami, M. Ch. Naudin, de l'Institut, directeur du laboratoire d'expériences de la villa Theuret, à Antibes, des prodiges de culture et d'acclimatation accomplis en quelques années par ces saintes filles vouées au travail incessant d'une terre stérile (des sables), qu'elles sont parvenues à fertiliser et à rendre très productive. M. Ch. Naudin, dont les efforts pour la vulgarisation, dans nos contrées, des végétaux qui y sont inconnus et qui conviendraient particulièrement au sol et au climat, a chargé M. Roumeguère, son ami, d'engager les sœurs d'Anglet à semer un végétal qui doit être une source de richesses pour le pays : l'*Eucalyptus viminalis* Labill. Les graines sont arrivées et ont été confiées à la terre dans ces cultures privilégiées où tout vient « par la grâce de Dieu ! »
(Courrier de Bayonne.)

et vigoureux met en communication les divers établissements de l'œuvre : l'orphelinat, l'école professionnelle, le pensionnat, et se prolonge vers Saint-Bernard. Quand on approche de cette solitude, la nature redevient sauvage. Vos pieds enfoncent dans le sable, comme il y a vingt ans ; ce sable pénètre dans votre chaussure, et malgré vous votre âme s'emplit de recueillement.

Voici la moderne Thébaïde, le séjour du silence, de la prière et de l'austérité. Saint Jérôme rêvait un Bethléem de ce genre pour Paula et Eustochium. On devait s'y débarrasser du poids du corps, et l'âme dégagée prenait ainsi plus puissamment son essor vers les sommets de la pure lumière. Ici tout se tait : la chapelle, les jardins, les serres que soignent des mains habiles et délicates. Les solitaires les cultivent en récitant le Rosaire. Prosternez-vous à cette place ; c'est le parterre de la mort ; des fleurs sur des tombes ; et des croix sans noms. Dieu seul les connaît ces noms ; il suffit. Des restes de ces saintes victimes s'exhalent des parfums de vertu, pénétrants comme les parfums des fleurs qui poussent sur leur cendre.... Pendant longtemps une seule tombe, — celle du milieu, — marqua la place où chacune des Solitaires devait venir terminer son pèlerinage. C'était la tombe de la Mère Vénérée. Le soir quand le jour a fui, à l'heure où les pieux visiteurs sont loin de Saint-

Bernard, les Solitaires en procession viennent se ranger autour de ce sanctuaire de la mort ; elles se prosternent, sur ces restes précieux, puis après avoir prié pour les défuntes, elles les prient de se joindre à la divine mère pour leur obtenir de plus en plus l'esprit de leur admirable fondation. Les noms du frère et de la sœur, d'Edouard et d'Elise, du bon Père et de la Mère Vénérée sont particulièrement bénis, honorés, vénérés, à Notre-Dame du Refuge. La sainteté de l'un et de l'autre remplit les annales de l'Institut ; le souvenir vivant en est partout ; il plane sur ces lieux comme une auréole de paix céleste ; chacun est tenté de les invoquer ou les invoque en secret après les saints protecteurs de l'œuvre.

Au reste, absents, le bon Père et la Mère vénérée ne sont-ils pas toujours présents dans leur pieuse et humble famille ? Après leur mort, comme durant leur vie, leur fondation gouvernée utilement et humblement, selon le désir de saint Bernard (1), continue ses œuvres et son développement régulier. Sous Napoléon III, la communauté avait déjà reçu l'approbation légale. A la demande des archevêques de Bordeaux, de Cambrai, de Tou-

---

(1) Pauci utiliter, pauciores humiliter præsunt : Il y en a peu qui savent gouverner utilement ; il y en a moins qui savent gouverner humblement, disait saint Bernard.

louse, d'Alger, de Larisse, d'Auch, d'Albi, et des évêques de Bayonne, d'Arras, de Limoges, de Nancy, de La Rochelle, de Belley et d'Aire, Sa Sainteté le Pape Léon XIII, a approuvé l'Institut. Celui-ci compte aujourd'hui un peu plus de mille religieuses ; il a des maisons au nord et au sud de la France, à l'est et à l'ouest, dans les diocèses que nous venons de citer. Le grain de senevé est devenu un grand arbre. La divine Mère et maîtresse n'a pas manqué aux promesses faites à son serviteur.

ÉPILOGUE

Dans son voyage en Paradis, à travers « les roses éternelles qui tournaient autour de lui, » Dante vient d'apercevoir « la grande fête de chants et de rayonnements que se renvoyaient l'une à l'autre des lumières joyeuses et aimantes. » A ce moment il entend une voix sortir du milieu de ces clartés. Celle-ci lui parle de Dominique, « l'amant fidèle de la foi chrétienne,.... » « l'agriculteur que le Christ choisit pour travailler à son jardin. »

Or, ce jardin de l'Eglise devant durer autant que le monde, le Christ ne cesse de lui susciter des travailleurs. Aussi notre pensée se porte-t-elle vers les deux grands ouvriers de Dieu dont nous venons d'esquisser l'histoire, quand nous entendons le grand poëte, nous dépeignant son héros, nous dire dans son magnifique langage : « Il parut bien qu'il était l'envoyé et le familier du Christ, lui dont la première pensée fut pour le premier conseil que Jésus a donné. Souvent sa nourrice le trouva silencieux et agenouillé comme s'il eût dit : Je suis venu pour cela ; » puis, « armé de sa doctrine et de sa volonté, il se lança dans son ministère apostolique comme un torrent qui se précipite d'une source élevée ; et son impétuosité, foulant les ronces hérétiques, se porta plus vive aux lieux où on lui résista plus vivement. »

Il n'y a pas jusqu'à l'affirmation suivante qui ne convienne à nos deux fondateurs. Nous l'offrons à leurs continuateurs, comme un hommage à leur mérite, et un souhait qui se réalisera de plus en plus ; nous en avons la conviction.

> « Di lui si fecer poi diversi rivi
> Onde l'orto cattolico si riga
> Si che i suoi arbuscelli stan più vivi (1). »

De lui se formèrent ensuite divers ruisseaux qui arrosent le jardin catholique, si bien que ses arbustes en sont plus vigoureux.

(1) Dante : Paradiso. c. xii.

ERRATA

TABLE DES MATIÈRES

482. — Saint-Brieuc, Imprimerie L. Prud'homme.

IGNACE SPENCER

ET

LA RENAISSANCE

DU CATHOLICISME EN ANGLETERRE

Ouvrage honoré d'une lettre du Souverain Pontife ; des approbations du cardinal Pie, du cardinal Newman, et de Nos Seigneurs les Évêques d'Autun, d'Hébron et de Verdun.

Lettre de Sa Sainteté Pie IX, à l'auteur.

Très illustre, révérend et vénéré Seigneur,

Notre Très-Saint Père et Seigneur Pie IX, a reçu la lettre filiale que vous lui avez adressée avec le volume dont vous êtes l'auteur et qui a pour titre : « *Ignace Spencer et la Renaissance du Catholicisme en Angleterre.* » Sa Sainteté a accueilli votre travail avec l'éminente bonté qui la caractérise, et Elle vous envoie, par mon ministère, les remerciements que vous méritez. Elle est particulièrement heureuse de voir que vous vous êtes attaché de préférence à des questions qui ont réclamé une grande part de sa Sollicitude et qui doivent jeter un si grand jour sur l'histoire ecclésiastique de notre temps. Aussi ne doute-t-elle point du plaisir qu'elle trouvera à la lecture de votre ouvrage, si les occupations qui l'absorbent, lui laissent, quelque jour, le loisir de s'y adonner. En attendant, Elle

II

honore votre zèle d'éloges mérités, et vous donne de grand
cœur sa Bénédiction apostolique comme témoignage de sa
paternelle affection.

Et moi, je profite bien volontiers de l'occasion qui m'est
donnée de vous offrir mes sentiments de sincère estime ;
Dieu veuille y ajouter toute sorte de biens et de prospérités.

Je suis, etc.

CHARLES NOCELLA,

Secrétaire de Sa Sainteté pour les lettres latines.

Rome, le 5 Novembre 1873.

Lettre de Mgr le Cardinal-Évêque de Poitiers.

Poitiers, 6 Septembre 1873.

MONSIEUR L'ABBÉ,

La vie errante que m'impose mon vaste diocèse m'avait
privé jusqu'à ce jour de pouvoir lire le volume que vous
m'avez fait l'honneur de m'adresser. Je viens aujourd'hui
vous remercier de la satisfaction que m'a procurée cette
lecture, et je ne doute point que ce sentiment ne soit partagé par tous ceux qui parcourront ces pages si intéres-
santes de l'histoire religieuse contemporaine. Espérons
que le temps approche où tant de prières publiques et
privées faites pour l'Angleterre rapprocheront de Rome et
de la France cette grande nation, et que les grands fruits
de cette union, prophétisés par le comte de Maistre ne se
feront pas beaucoup attendre.

Croyez, M. l'abbé, à mes sentiments bien dévoués.

† LOUIS ÉDOUARD,

Évêque de Poitiers.

Lettre de Mgr le Cardinal Newman.

Redwall, July 4 1873.

Dear M. l'Abbé,

I feel the honour you have done me in sending me your volume, and for the kind way in which yous peak of me in the course of it.

I am away from the Oratory now, and my movements are very incertain. So are those of F. St John whom you are so good as to mention.

I think I may say you would be giving yourself trouble wihout any result, if you come to Birmingham. It is a time of year, when priests, as well as others, are unwilling to pledge themselves to remain at home.

I feel the great compliment you pay me and think the best return I can make is frankly to tell you what little advantage to you would come of it.

I do'nt speak french, and I think, if my eyes read your letter aright, you do not speak english.

I am, with much respect, Yours very truly.

John H. NEWMAN.

Lettres de NN. SS. les Évêques.

Paris, 8 juillet 1873.

Monsieur l'Abbé,

Je suis bien touché de l'aimable attention que vous avez eue de m'envoyer votre ouvrage.

Cet intéressant travail m'est arrivé de la façon la plus opportune, au moment où j'avais à m'occuper d'une anglicane ritualiste, avec laquelle des exemples aussi édifiants et aussi décisifs que ceux du P. Spencer vaudront mieux que les arguments de la théologie.

IV

Votre livre sera donc une nouvelle arme mise aux mains des controversistes — arme qui guérira au lieu de blesser.

Permettez-moi de vous féliciter, de vous remercier, et de vous offrir l'hommage de mon respectueux dévouement en N. S.

Adolphe PERRAUD,

Aujourd'hui évêque d'Autun.

Fernex (Ain), 22 octobre 1873.

Monsieur l'Abbé,

Je vous remercie de l'envoi de votre beau livre sur la *Renaissance du Catholicisme en Angleterre*.

Je voudrais que mon clergé et mes fidèles, si admirables dans la persécution, pussent le lire afin de se consoler et de se fortifier : je le recommanderai à tous.

Les souffrances pour l'Église ne seraient rien si de malheureux prêtres fugitifs de la France ne venaient ajouter à nos douleurs leurs sacrilèges et leur complicité avec nos ennemis.

Priez et faites prier pour nous ! Saint François de Sales nous obtiendra la conversion de cette ville de Genève. Oh ! que nous puissions bientôt récolter dans la joie ce que nous semons dans les larmes !

Merci encore, Monsieur l'Abbé ; recevez avec les bénédictions de l'Évêque exilé l'expression de mon respectueux dévouement en Notre-Seigneur.

† Gaspard MERMILLOD,

Evêque d'Hébron, vic. apost. de Genève.

Verdun, le 27 mars 1877.

MONSIEUR L'ABBÉ,

Je dirai très haut et avec bonheur les impressions consolantes dont votre livre a été pour moi la source. Avec autant d'exactitude historique que d'intérêt et de chaleur, vous avez groupé autour d'Ignace Spencer tous les faits qui se rattachent à la renaissance du catholicisme en Angleterre. Votre livre est le tableau vivant de ce grand mouvement religieux qui a protégé l'Angleterre contre les influences énervantes de la richesse et du bien-être. Ah ! qu'elle touche au plus tôt le port, qu'elle entre dans la plénitude de la vérité et qu'elle nous aide, à son tour, à nous défendre contre les entraînements d'une honteuse impiété !!

Agréez, Monsieur, mes sentiments de gratitude et de profonde estime.

† AUGUSTIN,

Evêque de Verdun.

———

Paris, 21 septembre 1873.

MONSIEUR ET HONORÉ CONFRÈRE,

Je viens de terminer la lecture de votre beau travail sur Ignace Spencer et la renaissance de la religion catholique en Angleterre, et je veux me réjouir avec vous du service signalé qu'il me semble que vous avez rendu par cet écrit à la cause sacrée que nous défendons tous. J'ai lu votre livre avec un grand intérêt, car il s'y trouve un rare talent d'exposition : tout y vient à sa place, et la théologie, qui ne pouvait y rester étrangère, s'y mêle avec sobriété, précision et lumière. J'ai été instruit, édifié, consolé, et je me suis senti plus que jamais porté à prier pour l'Angleterre, suivant le vœu de l'homme vénérable que vous avez si bien dépeint. Humble prêtre que je suis, je n'aurais osé prendre la confiance de vous écrire ces choses, si en terminant je n'avais lu quelques lignes qui indiquent que vous préparez d'autres travaux et que l'on peut y souscrire dès maintenant. Je vous prie, monsieur, de me regarder comme souscrivant d'avance à tout ce que vous publierez.

Veuillez agréer, Monsieur et cher confrère, l'expression de mes sentiments pleins de dévouement, d'estime et de respect.

MILLAULT,

Ch. honor. de Paris, curé de Saint-Roch.

NEWMAN et L'ÉCOLE D'OXFORD en 1833. —

Discours prononcé au Cercle catholique du Luxembourg.   1 fr.

Fernex (Ain), 6 mars 1875.

MONSIEUR L'ABBÉ,

Je vous remercie de m'avoir envoyé votre discours sur Newman et l'école d'Oxford ; je vous félicite d'initier la jeunesse catholique à cette vie intellectuelle qui est un des caractères du retour des protestants à l'Église. En vous lisant on constate que vous connaissez les hommes et les choses de l'Angleterre ; vous mettez du charme dans ces études difficiles. Vos travaux sont providentiels en face de ce mouvement d'hostilité que la Prusse suscite partout contre l'Église et qui trouvent, hélas ! des complices dans de pauvres prêtres déserteurs de l'Église.

Notre lutte est bien vive et bien douloureuse ; le protestantisme et les sociétés secrètes coalisés tentent leurs derniers efforts dans la Rome protestante. Priez et faites prier pour nous, et recevez, avec mes remerciements, mes meilleures bénédictions.

† GASPARD MERMILLOD,
Évêque.

CHARLES VII ET D. RAMON CABRERA

Traduit de l'espagnol, in-12, 390 pages.......... 3 fr.

Sous Presse

GASTON PHÉBUS, COMTE DE FOIX

Prince Souverain de Béarn

NOUVELLE ÉDITION

CORRIGÉE, augmentée d'une analyse et d'extraits du *Livre des prières* de Gaston Phébus, publiés pour la première fois.

Pour paraître prochainement

O'CONNELL ET MATHEW : *Histoire de l'Émancipation politique et de la Régénération morale de l'Irlande.*